T0284302

¿Qué se Siente al Morir?

Las historias y lugares mencionados en este libro están inspirados en hechos reales. Se han cambiado los nombres de algunos de los personajes y algunos detalles para preservar el derecho a la privacidad de las personas.

El autor de este libro no dispensa consejo médico ni prescribe el uso de ninguna técnica como forma de tratamiento de problemas físicos y médicos sin consejo médico, directa o indirectamente. La intención del autor es simplemente ofrecer información de carácter general para ayudar al lector en su búsqueda del bienestar físico, emocional y espiritual. En caso de que la información contenida en este libro sea utilizada a título personal, lo cual es un derecho, el autor y el editor no asumen ninguna responsabilidad por sus acciones.

2ª edición: mayo 2023
Diseño de portada: Editorial Sirio, S.A.
Maquetación: Toñi F. Castellón

© de la edición original
2023, Alex Raco

© de la presente edición
EDITORIAL SIRIO, S.A.
C/ Rosa de los Vientos, 64
Pol. Ind. El Viso
29006-Málaga
España

www.editorialsirio.com
sirio@editorialsirio.com

I.S.B.N.: 978-84-19105-75-2
Depósito Legal: MA-209-2023

Impreso en Imagraf Impresores, S. A.
c/ Nabucco, 14 D - Pol. Alameda
29006 - Málaga

Impreso en España

Puedes seguirnos en Facebook, Twitter, YouTube e Instagram.

 El papel utilizado para la impresión de este libro está **libre de cloro** elemental (ECF) y su procedencia está certificada por una entidad independiente, no gubernamental, que promueve la sostenibilidad de los bosques.

ALEX RACO

autor de
Nunca es el final y Más allá del amor

¿Qué se Siente al Morir?

ECM:
testimonios reales sobre la vida
después de la vida

EDITORIAL
SIRIO

«Observada desde fuera y mientras se permanece fuera, la muerte parece enormemente cruel. Pero en cuanto estás dentro de ella, experimentas una sensación tan intensa de plenitud, de paz y de satisfacción que no querrías volver nunca más».

C. G. Jung

Índice

Marla y yo 11

Clara 49

Tom 63

Lisa 83

Isabel 103

César 123

Laura 145

David 167

Nadia 183

Agradecimientos 199

El autor 201

Marla y yo

—¡Démonos prisa!

—¡Tráeme la camilla! ¡Rápido!

—¿Necesitas el desfibrilador?

—No lo sé. Parece que respira por sí solo y tiene pulso. ¡Pero date prisa!

El sonido de la sirena de la ambulancia se había convertido en un ruido blanco de fondo y parecía haber detenido el tiempo y el espacio, creando una atmósfera amortiguada que, sin embargo, no se parecía en nada a lo que uno siente durante un momento normal de placentero silencio. Los únicos sonidos que un oído humano podía percibir parecían ser los gritos del personal médico.

—Por favor, aléjense —gritó la doctora a la multitud de espectadores que rodeaban la escena. Estaba agachada junto al cuerpo del hombre que yacía de espaldas sobre el asfalto, justo al lado de la rueda de una furgoneta—.

Señor, ¿puede oírme? —le preguntó al hombre, que parecía haber perdido el conocimiento, mientras le levantaba la visera del casco que llevaba puesto—. ¿Puede oírme? Vamos a tumbarlo en la camilla. Y no le quitéis el casco, por favor.

Las ruedas se deslizaron con rapidez por el asfalto y llegaron a las puertas traseras de la ambulancia en segundos. Las patas plegables de la camilla se cerraron y esta desapareció dentro del vehículo, que partió a toda velocidad entre el tráfico de la ciudad con las sirenas a todo volumen.

—¡Código rojo! —gritó el paramédico cuando llegó a la sala de urgencias del gran hospital. La camilla fue rápidamente sacada de la ambulancia y llevada a uno de los boxes de pacientes críticos.

Una cortina verde claro se cerró alrededor de la camilla y el hombre, aparentemente inconsciente, seguía tendido con el casco en la cabeza.

—Señor, ¿puede oírme? —le preguntó una doctora al ver que aún tenía los ojos cerrados. Pero no recibió respuesta—. Hay que hacerle una tomografía computarizada. ¡Inmediatamente!

Apenas diez minutos antes, ese mismo hombre conducía su motocicleta y avanzaba a velocidad normal hacia una intersección de la ciudad. Sus ojos, entonces abiertos, vieron claramente la luz verde del semáforo. Pensaba en cómo amueblar su nuevo hogar y qué muebles serían los más adecuados para la sala de estar. Cruzó el semáforo con tranquilidad: era una acción que realizaba decenas, quizá cientos de veces al día, dado los muchos semáforos que había en la ciudad. Pero esta vez sucedió algo diferente: una furgoneta que circulaba por la calle perpendicular y a gran velocidad interrumpió sus pensamientos y pasó el cruce sin reparar en el semáforo en rojo.

El impacto fue inevitable. El hombre salió disparado de la moto y literalmente voló por los aires a una altura de más de dos metros. Cayó de espaldas sobre el asfalto, junto al vehículo que lo había atropellado.

Una historia como muchas, demasiadas, que suceden todos los días en cualquier ciudad del mundo. Pero esta tenía una peculiaridad: aquel hombre era yo.

Era el mes de marzo de 2008, un momento de mi vida que marcaría muchos cambios. Algunos ya habían sucedido: acababa de terminar una relación sentimental que no había funcionado y de alquilar un apartamento en un buen barrio de la gran ciudad costera donde vivía. Las ventanas de mi casa daban a un precioso edificio modernista, patrimonio cultural. Irónicamente, era un gran hospital. El apartamento que acababa de dejar también daba a otro hospital de la ciudad, pero moderno y menos agradable a la vista. A veces, como entendería más tarde, puede ser muy útil vivir frente a una sala de urgencias. Justo el año anterior, ya había visto la muerte de cerca. Una noche estaba solo en la casa y mientras cenaba, un pequeño trozo de pan entró en mis vías respiratorias y las bloqueó. Empecé a toser nerviosamente tratando de sacarlo pero no había nada que hacer. El tiempo pareció ralentizarse. No sabía entonces que el tiempo no existe como variable física porque en realidad está íntimamente ligado a la conciencia del observador, como demostró Albert Einstein. El cerebro humano procesa las imágenes como si fueran los fotogramas de una película. En condiciones normales procesa treinta por segundo; cuando nos encontramos en situaciones de peligro o emergencia el número se duplica a sesenta, dándonos así la ilusión de que el tiempo se ralentiza. Es un mecanismo natural destinado a preservar la especie. En situaciones en las que nuestra supervivencia está en peligro, esto nos permite tener la posibilidad de desarrollar una solución ya que, en este modo, unos segundos pueden incluso parecer minutos u horas. Era justo lo que había sentido esa noche.

Después de intentar toser ese cuerpo extraño que no me dejaba respirar, mi cerebro empezó a desarrollar soluciones a la velocidad de la luz para salvarme la vida. Me acosté en la mesa con el torso colgando bocabajo tratando de sacar esa maldita miga, pero no había nada que hacer: seguía firmemente anclada a mis vías respiratorias. Me estaba muriendo allí en mi casa por una miga de pan. Una muerte realmente estúpida, pensé, y no podía creer lo que me estaba pasando. Comprendí en ese instante lo que se siente en los últimos momentos antes de una muerte súbita e inesperada. Hay quien dice que toda nuestra vida pasa por nuestra mente, pero para mí no fue así, en absoluto. En cambio, experimenté sentimientos de incredulidad e ira, mezclados con un gran sentimiento de impotencia porque estamos acostumbrados a controlar los acontecimientos de nuestra vida, o al menos eso creemos.

Pensé en pedir ayuda, pero ¿a quién? Me quedaban unos segundos y cualquiera tardaría demasiado. Pensé en correr a la sala de urgencias del hospital enfrente de la casa, pero ya era demasiado tarde, la entrada estaba en el lado opuesto del gran edificio y no habría tenido tiempo de llegar. Probablemente fueron solo treinta segundos después de haberme tragado el pedazo de pan, pero me parecieron varios minutos, dada la velocidad a la que mi cerebro procesaba la información. De repente tuve una iluminación y recordé que el estacionamiento de ambulancias estaba justo frente a mi puerta. No perdí un momento y corrí abajo. Vivía en el octavo piso y no había tiempo para tomar el ascensor. Salté los tramos de escaleras como si fueran escalones individuales, de un rellano a otro. En condiciones normales nunca habría podido hacerlo pero en ese momento no tenía nada que perder: acabar muerto por caerme por las escaleras o por asfixiarme no era muy diferente.

Finalmente llegué a la planta baja, salí por la puerta y corrí hacia la primera de las ambulancias. Era tarde y el conductor estaba durmiendo, pero golpeé con fuerza la ventana y así logré llamar su atención. No podía hablar, sino gemir o producir ruidos extraños. En evidente estado de agitación y con el rostro enrojecido, me señalé la garganta con el dedo. El hombre me miró muy molesto. Después de todo, era la una de la madrugada de un viernes y probablemente estaba acostumbrado a los muchos jóvenes borrachos que pasaban con intenciones molestas. El otro médico que estaba en el asiento de al lado estaba despierto, y entendió de inmediato lo que estaba pasando.

«¡No puede respirar!», le gritó a su compañero.

Ambos salieron de la ambulancia y sentí que me abrazaban con fuerza por la espalda y me elevaban en el aire.

Solo más tarde me di cuenta de que estaban haciendo la maniobra de Heimlich, llamada así por el médico estadounidense que la utilizó por primera vez en 1974, una técnica de emergencia empleada para eliminar una obstrucción de las vías respiratorias, que es una medida efectiva para resolver enseguida muchos casos de asfixia. Milagrosamente, el trozo de pan se elevó unos milímetros, lo que me permitió respirar.

Pero volviendo al accidente de moto del año siguiente, en la sala de urgencias la camilla con ruedas donde estaba acostado comenzó a moverse, empujada por dos enfermeros. Recuerdo perfectamente tanto sus detalles físicos como los de la doctora que caminaba al lado. Uno de los enfermeros era alto y musculoso y tenía varios tatuajes en los brazos; el otro era más bajo, regordete y con poco pelo a los lados de la cabeza, pero parecía ser el jefe porque le daba órdenes al gigantón. La doctora llevaba gafas y era alta y esbelta, tenía el cabello oscuro y lacio que le caía hasta los hombros y rasgos bastante duros, con una nariz afilada y pronunciada. Tenía una placa prendida en su bata. La placa era verde claro en la parte superior con el logo del hospital y blanca en la parte inferior con su nombre.

«Hola, voy de camino. Tengo un paciente que ha sufrido un accidente grave, voy a hacerle una tomografía computarizada cerebral», la escuché decir por el teléfono móvil mientras las puertas del gran ascensor se abrían para dejar entrar mi camilla y luego se volvía a cerrar de inmediato. El camino hacia abajo fue corto y enseguida llegamos al vestíbulo del departamento de radiología. Había muchos pacientes esperando pero recuerdo perfectamente que pasamos por delante de todos. El enfermero bajo le gritó al otro, que se movía con cierta torpeza, y le dio instrucciones sobre cómo manejar la gran camilla para que entrara por la puerta que conducía a la sala donde realizaban las TC. Entramos y trasladaron mi cuerpo inerte de la camilla a la cama de la enorme máquina, que a los pocos segundos empezó a emitir su estruendo intermitente. Estaba inconsciente y, sin embargo, no lo estaba. Durante los pocos minutos que duró el examen pude revivir el accidente, ver a cámara lenta todo lo que había pasado.

También vi la cara del anciano dueño de la furgoneta que me había atropellado. Tenía el pelo blanco solo en las sienes y, junto con los otros transeúntes que se apresuraron a ayudar, miraba mi rostro atrapado en el casco.

«No ha sido culpa mía —lo oí decir—. Ha aparecido de la nada. No he podido evitarlo», repetía, como si estuviera seguro de tener la razón y de haber cruzado el semáforo en verde.

En la sala de las TC no tenía la impresión de haber perdido el conocimiento: veía y sentía todo como si fuera un sueño lúcido; era consciente de que estaba durmiendo y de que tenía la capacidad de interactuar libremente en él, pero no podía influir en los eventos que me estaban sucediendo. Durante todos estos años que he tenido la oportunidad de escuchar a muchas personas contarme sus experiencias cercanas a la muerte, siempre me he preguntado si habrán soñado. Para nuestra mente racional, en efecto, es mucho más fácil aceptar la idea de que alguien en esos momentos inventa una historia que hace más placentero ese pasaje sumamente difícil que aceptar que se trata de una realidad vivida más allá de la vida. Pero hay una diferencia sustancial entre un sueño y estas experiencias. Habrás experimentado un sueño lúcido si has soñado y has sido consciente de ello, para explorar los acontecimientos a tu antojo y poder también modificar los eventos a tu favor. Quienes están familiarizados con este tipo de técnicas se definen como onironautas, o personas que tienen la suerte de saber viajar conscientemente en el universo de sus sueños. Aunque no siempre son experiencias agradables: ¿quién no ha soñado con alguien con malas intenciones, como un ladrón o un asaltante, en su dormitorio momentos antes de despertarse?

Si bien un sueño lúcido no tiene nada que ver con una experiencia cercana a la muerte, creo que es interesante que entiendas la diferencia entre los dos casos. Sobre el primero podemos decir que se trata de un fenómeno muy antiguo presente en diversas culturas y una técnica practicada desde hace siglos por el budismo tibetano y cuya finalidad es tomar conciencia de que se está soñando. Incluso hoy en día esta técnica cuenta con muchos admiradores apasionados por el estudio de metodologías que ayuden a expandir los límites de la conciencia.

Hay muchos cursos en todo el mundo dedicados a los sueños lúcidos y varias maneras de facilitar este tipo de percepción. La más conocida, aunque no la más efectiva y nada sencilla en mi opinión, consiste en despertarse y dormirse varias veces a intervalos regulares con la ayuda de un despertador. Para determinar si estás dentro de un sueño lúcido o no, basta con pensar en cerrar los ojos y volver a abrirlos, y realmente se abrirán incluso en la realidad física. Ejercer cierto grado de control sobre tus sueños (y tal vez poder cambiarlos) puede convertirse en una experiencia agradable o terrible, según el contenido de los mismos. Pero tener un sueño lúcido, es decir, una aventura nocturna cuya trama puedas dirigir, es sumamente difícil, sobre todo si quieres conseguirlo a voluntad.

El tema aún no ha sido muy investigado desde el punto de vista científico, aunque un estudio reciente de la Universidad de Adelaide, en Australia, parece haber identificado un método para entender más fácilmente que uno está soñando, mientras lo está haciendo. Los investigadores pidieron a los voluntarios que probaran una de las tres técnicas que podrían estimular esta experiencia. La primera consistía en realizar pequeños gestos de control de la realidad en vigilia, hábito que luego podía replicarse durante el sueño. Se les pidió, por ejemplo, que se acostumbraran, mientras estaban despiertos, a apretar los labios e inhalar: si durante el sueño hubieran percibido la misma posición de los músculos faciales, podrían haber pensado que estaban despiertos por unos momentos. La segunda técnica consistía en despertarse durante unos minutos después de cinco horas de sueño y luego volver a dormir. En la tercera había que hacer lo mismo, pero después de repetirse varias veces: «La próxima vez que esté soñando, recordaré que estoy soñando». Este método, llamado «inducción mnemotécnica de sueños lúcidos» (MILD, por sus siglas en inglés) utiliza la memoria prospectiva, que es la capacidad de nuestro cerebro para anotar mentalmente cosas que hacer en el futuro. Alrededor del diecisiete por ciento de los participantes reportaron que habían tenido éxito. Además de la función lúdica, esta técnica también puede ser muy útil a nivel clínico ya que puede ayudar a las personas que sufren terrores nocturnos.

Pero a diferencia de un sueño lúcido, en ese momento no podía explorar y cambiar situaciones a mi gusto ni despertarme. No estaba soñando en absoluto y era como si me sintiera atrapado en mi cuerpo, perfectamente consciente pero sin posibilidad de interacción con el mundo exterior. Sin embargo, contrariamente a lo que pudiera pensarse, la situación no me angustiaba ni me preocupaba en absoluto. En cambio, tenía una extraña sensación de paz, tanto que realmente pensé que estaba muerto. Después de todo, mi cerebro, según los médicos, no mostraba signos de actividad. Debía de haber muerto realmente.

Hoy, después de quince años, durante los cuales me he dedicado extensamente a investigar la naturaleza de la conciencia humana, entiendo muchas más cosas y sé muy bien que la realidad no se limita a nuestros cinco sentidos, sino que hay mucho más y que existe un mundo extrasensorial que no tiene límites. Pero entonces aún no sabía nada de esto y, sobre todo, aún no tenía ni idea de que en unos meses mi existencia acabaría completamente trastocada.

En ese momento trabajaba como gerente en un gran banco comercial de Estados Unidos, un trabajo que ya odiaba entonces pero que, gracias a Dios, no me requería muchas horas al día y me garantizaba un salario más que suficiente. Hoy creo que los hechos de ese año que me habían hecho ver de cerca la muerte —tanto el accidente que me llevó a un estado de conciencia o inconsciencia alterada, cuando menos, como la experiencia de la asfixia— fueron preparatorios de lo que sucedería poco después. Unos meses después del accidente (por una coincidencia un tanto surrealista, que describo extensamente en mi primer libro *Nunca es el final* junto con las historias reales de muchas personas a las que he guiado mediante la hipnosis), mi vida cambiaría radicalmente, tanto que decidí dejar mi trabajo seguro y volver a estudiar para poder dedicarme a lo que ha sido mi camino durante muchos años y con miles de regresiones a las espaldas. De hecho, decidí hacer un curso de hipnosis en Estados Unidos y obtener tres posgrados que me permitirían tener una formación adecuada: Trastornos de Ansiedad y del Estado de Ánimo, Psicopatología Clínica e Hipnosis Ericksoniana. Tres especializaciones que poco tenían que ver con mi experiencia previa y mi MBA.* Había decidido que si tomaba un nuevo camino lo haría para tener todas las herramientas posibles para ayudar a quien lo necesitara a través de esa maravillosa técnica que es la hipnosis. En este sentido, considero oportuno recordarte brevemente en qué consiste: se induce en el sujeto un estado de relajación profunda que estimula la activación de áreas cerebrales específicas. Me encanta describirlo como un estado meditativo de hiperconciencia durante el cual también se puede acceder a recuerdos aparentemente olvidados.

En todos estos años he llegado a comprender que la muerte, tal y como creemos que es, no existe. No es el fin de todo sino una transformación de estado, un cambio de conciencia y de forma física. He tenido muchas confirmaciones, no solo a partir de la hipnosis regresiva, sino también de percepciones extrasensoriales y de los mensajes que nos pueden transmitir las almas de nuestros seres queridos. Todos tenemos la capacidad de recibir y comprender estos mensajes, un don que pasa por una característica común a todos nosotros: la intuición. En mi segundo libro, *Más allá del amor*,** decidí abordar este tema, explicando, gracias a las experiencias reales de muchas personas, cómo podemos comunicarnos con ese mundo aparentemente invisible y cómo nuestras almas

---

* Master of Business Administration (Máster en Administración de Empresas).
** Editorial Sirio, 2020.

nunca están solas. Todos vivimos muchas vidas, y durante estas tenemos la oportunidad de reencontrarnos con las personas que amamos, y también con los animales, y aprender con su ayuda la lección más importante: el amor. Y no nos encontramos solo cuando volvemos a vivir en la Tierra, también lo hacemos cuando morimos.

Aunque no me considero un experto en la materia de las ECM (experiencias cercanas a la muerte) durante todos estos años he tenido la oportunidad de conocer a muchas personas que las han experimentado, y decidí escribir este libro para contar las experiencias de algunas de ellas para testimoniar que la muerte es solo un nuevo viaje que emprende nuestra alma. Creo que sería muy útil cambiar el concepto que tenemos de la muerte en nuestro mundo occidental, ya que el hecho de intentar comprenderla y conocerla no solo reduce el miedo que le tenemos sino que puede ayudarnos a vivir mejor nuestra existencia presente. Hasta la fecha, cientos de miles de personas han experimentado una ECM, como pueden confirmar muchos médicos o profesionales de la salud. Y estas personas han regresado, muchas veces en contra de sus deseos, porque dijeron que con mucho gusto se habrían quedado al otro lado, para decirnos que la muerte es una experiencia completamente diferente de lo que pensamos.

Pero volvamos a la sala de las TC y a mis vicisitudes en el hospital, que son uno de los motivos que me impulsaron a escribir. Al contrario de lo que pensaban los profesionales de la salud, durante el examen estuve plenamente consciente y tuve la oportunidad de revivir y repasar los minutos anteriores con extrema claridad. Vi la furgoneta venir a toda velocidad por mi izquierda como si fuera una escena a cámara lenta y la vi golpear violentamente la parte trasera de mi moto. Lanzado por los aires, pude ver claramente los pisos superiores de los edificios y el cielo azul de la ciudad. «Esto va a doler», pensé mientras caía de espaldas desde una altura de unos dos metros sin posibilidad de parar el golpe con los brazos. «Como mínimo me quedaré en una silla de ruedas», reflexioné al aterrizar en el asfalto.

Entonces, como por arte de magia, justo antes del impacto contra el suelo, sentí que la caída se ralentizaba de repente. Como si una mano gigante hubiera frenado todo mi cuerpo, me sentí por una fracción de segundo suspendido en el vacío justo encima del asfalto. Inmediatamente después, el impacto. El casco golpeó contra la superficie de la calle pero sentí como si mi cuerpo hubiera caído ralentizado. No sentí ningún dolor. Vi a muchas personas, oí cómo me hablaban, pero no pude responderles.

—Tiene los ojos cerrados. ¡No responde! —oí gritar a una mujer, también con casco, probablemente una motociclista que había presenciado la escena.

—¡Llamad a una ambulancia, pronto! —dijo una voz de hombre.

—No te muevas —me ordenó otro transeúnte.

No podía responder, y según habían dicho tenía los ojos cerrados. Pero podía verlos y escucharlos claramente, como si estuviera despierto. Aunque no sentía ningún dolor en mi cuerpo, el temor de que el accidente hubiera causado daños irreparables permanecía muy presente en mis pensamientos. Me hubiera gustado decirles a aquellos transeúntes que estaba bien, que no sentía ningún dolor y que pronto me levantaría como si nada. Sin embargo, estaba en un extraño estado de quietud y no podía mover los labios. Supuse que era el *shock* posterior al accidente.

Mientras esperábamos a que llegara la ambulancia, me di cuenta de que esa mano gigante que había agarrado todo mi cuerpo a unos pocos centímetros del suelo probablemente había sido un ángel, por echar mano de la etiqueta común. No había duda, incluso para una persona escéptica y materialista como yo, de que había habido una intervención divina. Mi caída se había suavizado como si el asfalto hubiera estado cubierto con una alfombra de goma. Pensé que alguien allí arriba me amaba realmente. Había intentado mover las piernas y, aunque no podía hacerlo, un repentino estado de calma reemplazó mis preocupaciones. Sabía con certeza que mi cuerpo no había resultado herido. No me preguntes cómo lo supe, no tengo la menor idea. Pero estaba seguro de ello.

Mientras tanto, la camilla se movió de nuevo, todavía llevada por los dos enfermeros, el musculoso y tatuado y el otro medio calvo, seguidos por la doctora, que hablaba con los compañeros por teléfono y acordaba mi traslado a algún departamento. Según ella, la tomografía computarizada no había mostrado ningún daño, y tanto mi cerebro como el resto de mi cuerpo parecían estar en excelentes condiciones. Regresamos al mismo lugar de la sala de urgencias donde estábamos antes y la cortina se cerró alrededor de la camilla. Habían decidido mantenerme allí en observación hasta que recuperara la conciencia. Continué experimentando una extraña sensación de quietud y no estaba preocupado en absoluto. Un sentimiento que todavía hoy no reconozco y que no forma parte de mi carácter, bastante activo. Lo que sí sé es que no se trataba de resignación sino de paz real. Algo dentro (¿o fuera?) de mí me decía que todo saldría bien y que no había razón para preocuparse a pesar de que no podía interactuar con el mundo exterior y estaba atrapado en mi cuerpo inerte. Era una situación que de solo pensar en ella hoy me crea un estado de tremenda ansiedad pero que en ese momento parecía no estresarme en absoluto. Estaba bien.

—¡Señor Raco! ¿Puede verme? ¿Puede oírme? —dijo la doctora, que volvió a acercarse a mi camilla después de un tiempo que no sé cuantificar.

—Sí —respondí, oyendo por fin mi propia voz. Había abierto los ojos.

—Ha tenido un accidente.

—Lo sé.

—Estamos en el policlínico.

—Lo sé —respondí de nuevo, y noté la expresión incrédula de la doctora, quien probablemente pensó que estaba aturdido.

—Le hemos hecho una tomografía computarizada y todo parece estar bien.

—Sí. Oí que hablaba de eso por teléfono.

—¿Estaba consciente ya en la sala de radiología?

—Siempre he estado consciente —respondí a aquella pregunta, que en ese momento me pareció absurda.

—¿Recuerda haber llegado al hospital?

—Siempre he estado consciente. Recuerdo el viaje en ambulancia y también el accidente.

—Es algo muy extraño. Le hicimos varias pruebas motoras y de diagnóstico y no obtuvimos respuesta. Incluso mantuvo los ojos cerrados a pesar de los numerosos estímulos. Ni siquiera notamos ningún movimiento inconsciente. A nivel médico puedo decirle que para nosotros ha estado completamente inconsciente hasta ahora.

—Pero he podido verlo y escucharlo todo, se lo aseguro.

—Claro... —dijo, en un tono condescendiente que probablemente reservaba para los pacientes que habían sufrido una lesión en la cabeza—. De todos modos, si está de acuerdo, me gustaría tenerlo en observación esta noche.

—Está bien —respondí, un poco aturdido por todo lo que estaba pasando.

Después de aproximadamente una hora, durante la cual pude repasar mentalmente y con una claridad de detalles que todavía me trastorna todo lo que me había pasado en las últimas horas, decidí que como estaba bien y no sentía nada de dolor en ninguna parte del cuerpo, no pasaría la noche en aquel enorme policlínico. Como la mayoría de la gente, creo, no soporto los hospitales. A los dieciocho años pasé varias semanas en un centro de salud por un problema renal y desde entonces he tratado de evitar a toda costa las estancias en este tipo de lugares a menos que sea absolutamente necesario. Desde el punto de vista racional, sé que estoy exagerando, pero mi inconsciente simplemente no quiere saber nada del asunto. Recuerdo mi última operación de menisco, cuando, en cuanto recuperé el sentido, salí de la clínica todavía aturdido por la anestesia. Salté —por así decirlo, ya que iba con muletas— a un taxi y me fui a casa. Hice lo mismo ese día después del accidente de moto. Firmé el alta voluntaria y el texto de descargo y me fui sin que me importaran las consecuencias, preocupado más que nada por mi pobre motocicleta destrozada.

Más tarde me di cuenta de que mi estado de calma en ese momento era único. Hoy puedo llamarlo «sobrenatural» sin dudarlo. Una certeza interior que no provenía de los pensamientos de mi mente me aseguró que todo estaría bien y que mi salud no se había visto comprometida. La gran mano que me había sostenido a unos centímetros del asfalto seguía conmigo.

Mi asombro aumentó en los días siguientes cuando, recordando el accidente, me di cuenta de que lo que me había pasado era realmente increíble. Había tenido un golpe fuerte y un traumatismo y aun así no había sentido ningún tipo de dolor, ni siquiera durante los días siguientes, y no había tomado ningún analgésico de los que me recetaron en el hospital, ni siquiera un ibuprofeno. Años después, sé muy bien que lo que sucedió ese día era preparatorio para lo que ocurriría al cabo de unos meses.

Eran las primeras señales que el universo había decidido enviar para despertar la conciencia y el alma de la persona muy materialista que era yo en ese momento de mi vida; coincidencias encaminadas a hacer entender hasta al más escéptico y terco que nuestra existencia es mucho más de lo que podemos medir y experimentar con nuestros cinco sentidos. Lo sobrenatural había comenzado a abrirse camino, diría que abrumadoramente, dentro de mí.

Como ser humano, y dada mi formación empírica, yo era extremadamente presuntuoso. Pretendía explicarlo todo a partir de demostraciones tangibles, de la observación de hechos y fenómenos. Todavía no entendía que la ciencia se detiene frente al límite infranqueable que trazan nuestros sentidos y los instrumentos que los amplifican, también de construcción humana. En ese momento aún pensaba que los episodios de percepciones extrasensoriales, coincidencias y efectos físicos extraños eran solo invenciones de personas con una sensibilidad marcada, pero nada más. Con los años tendría la oportunidad de cambiar de opinión, gracias a numerosas experiencias sobrenaturales como la que acababa de vivir.

Es más que probable que nunca sepa lo que pasó realmente ese día: si, según los médicos, había perdido el conocimiento, ¿cómo era posible que hubiera experimentado todo lo que había pasado teniendo tanto percepción visual como auditiva? Lo que tengo claro es que no fue un sueño lúcido, ya que los hechos y los detalles que pude recordar coincidían al cien por cien con lo que realmente sucedió. Otra cosa innegable para mí es que algo o alguien amortiguó considerablemente mi caída e impacto contra el asfalto. Y, finalmente, experimenté aquella sensación de tranquilidad y paz infinita que no es en absoluto compatible con un evento traumático de este tipo.

Desafortunadamente, existen muy pocos estudios científicos sobre lo que sucede después del momento de la muerte o en estados de coma o inconsciencia como el que yo había experimentado. Simplemente no puedo entender cómo la investigación científica debe limitarse a toda costa a las experiencias de la vida y no dar espacio a los intentos de explicar cuál es la mayor incógnita y curiosidad del ser humano. La física ha demostrado ampliamente que la realidad es mucho más de lo que podemos percibir y explicar empíricamente, pero los científicos persisten en pensar que la muerte es el final de todo. La evidencia de un estudio de la Universidad de Míchigan realizado hace unos años en ratas mostró un aumento, aunque momentáneo, de la actividad eléctrica del cerebro después de la muerte, compatible con un estado de conciencia. Un estudio realizado recientemente por la Universidad de Louisville investigó también el comportamiento del cerebro humano en los treinta segundos posteriores a la muerte, en los que se pudieron observar patrones rítmicos de ondas cerebrales compatibles con un estado meditativo y similares a aquel en el que nos encontramos cuando la conciencia remite a los recuerdos. El mismo estudio sugiere la posibilidad de que el cerebro permanezca activo incluso después de la muerte y sea capaz de organizar pensamientos. Ambos estudios revelaron la presencia de ondas gamma, una categoría de ondas cerebrales cuyos mecanismos de activación aún no se entienden por completo y que podrían estar implicadas en lo que le sucede al cerebro después de la muerte. Mi formación me hace estar firmemente convencido de que la ciencia, a pesar de sus limitaciones, sigue en el camino correcto y que algún día sabremos con certeza que la muerte es un fenómeno limitado a nuestro cuerpo y no tiene nada que ver con la conciencia.

Lo que quiero contar ahora es la experiencia cercana a la muerte que le sucedió a Marla, a quien conocí durante uno de los seminarios que imparto desde hace varios años. Marla es una psicóloga y psicoterapeuta de unos cincuenta años. Una mujer de estatura y complexión normales con ojos grandes y cara redonda. Todavía recuerdo el momento en que nos encontramos por primera vez: ella estaba en la fila esperando a que le firmara una copia de uno de mis libros al final del evento. Siempre trato de tomarme al menos unos minutos para hablar individualmente con quienes asisten a mis eventos. Me da mucha satisfacción hacerlo y me parece un gesto amable hacia personas que muchas veces han viajado muchos kilómetros para poder participar. Marla me habló en voz baja y me agradeció que hubiera escrito un libro sobre experiencias extrasensoriales y sobre el hecho de que todos poseemos habilidades mediúmnicas. Un tema, según ella, frecuentemente ignorado o descrito de manera imprecisa por la mayoría de los autores.

No pude prestar demasiada atención a sus palabras ya que mi ser, tal vez mi alma, percibió instantáneamente su inmensa energía. Era cálida, tierna y acogedora, y me recordó mucho a la sensación de tranquilidad y paz que había experimentado durante y después del accidente que tuve hace tantos años. Parecía que lo que emanaba ella producía en mí las mismas sensaciones. Me quedé aturdido durante unos segundos, tanto que el responsable de la organización del evento me devolvió a la realidad y me recordó que había mucha gente en la cola y que debía continuar. Le di las gracias a Marla y me despedí de ella, no sin antes pedirle que me dejara sus datos de contacto porque tenía la intensa sensación de que aquella conversación estaba lejos de terminar.

Y no estaba equivocado. Unos meses después del evento, comencé mis cursos anuales de formación de hipnosis regresiva. Todos los años realizo un curso profesional básico durante el cual enseño a la gente esta maravillosa técnica. Es mi manera de conseguir que mi método y toda la experiencia y conocimientos que he adquirido a lo largo de los años puedan ayudar al mayor número de personas posible. Estoy muy agradecido con el universo y con mis alumnos por su compromiso, confianza y capacidad. Al comienzo del primer día del curso no pude evitar notar que entre los quince participantes, al fondo de la sala, como si se sintiera fuera de lugar, estaba Marla mirándome con sigilo con sus ojos grandes y penetrantes. Al final del día intercambiamos algunas palabras y fue entonces cuando mencionó por primera vez su experiencia cercana a la muerte, que deseo compartir contigo.

Eran las ocho y media de una mañana de enero de 2012 y Marla, como todos los días, antes de ir a trabajar se despidió de su hija de once años y le dio un cariñoso beso. A pesar de su profesión, que requería mucho de su tiempo, Marla procuraba dedicar la mayor atención posible a su hija pequeña porque sabía bien que la preadolescencia es una edad complicada en la que las necesidades de independencia se intercalan con las de la infancia, en la que la presencia de los padres es esencial.

También se despidió de su esposo y de su hijo mayor, de diecinueve años, y salió de la casa, para luego emprender a bordo de su pequeño automóvil el trayecto de unos pocos kilómetros que separaba su casa del hospital donde trabajaba. Mientras conducía sintió en un momento una ligera sensación de incomodidad, como un peso en la cabeza al que no le dio importancia. Al llegar al hospital saludó a la gente de la recepción y se dirigió a la sala donde se encuentra su consultorio. Tras las típicas bromas al comienzo del día con algunos de sus compañeros, comenzó a planificar las actividades laborales de la jornada, como era habitual.

Aproximadamente una hora después, el malestar volvió y se sintió un poco rara, como si la cabeza le diera vueltas o, para utilizar sus palabras, como si no estuviera completamente conectada a tierra. Una vez más no le prestó mucha atención. Dos horas después Marla estaba en la oficina central con una hermosa dama de cabello largo y gafas sentada justo a su lado. Ambas llevaban puesta una bata, la de la jefa de sala con una raya azul en el brazo que la identificaba. Estaban hablando con un hombre de mediana edad sobre su inminente ingreso en quirófano la semana siguiente. De repente, una sensación de mareo muy fuerte asaltó a Marla, quien volvió la mirada hacia su colega.

—No me encuentro bien. Algo me está pasando —dijo. Apenas tuvo tiempo de pronunciar esa frase cuando se deslizó de la silla y se desplomó en el suelo de la oficina.

—¡Ayuda! ¡Llamad a reanimación! —le gritó la jefa de sala desde la puerta a una enfermera que estaba en el pasillo.

—Marla, Marla, ¿puedes oírme? —preguntó, mientras veía que los antebrazos de la mujer habían comenzado a moverse rítmicamente y sin control.

Marla escuchó perfectamente las palabras de su colega pero no pudo responderle. Su cuerpo no respondía; era como si su conciencia ya no estuviera allí sino que flotara a unos centímetros de distancia. Empezó a dar vueltas alrededor de su cuerpo, mirándolo desde arriba. Luego, la oscuridad.

Se asustó mucho. En la oscuridad, podía oír unos latidos fuertes, tal vez el ruido de la resonancia magnética que probablemente le estaban haciendo.

—¿Puedes describir lo que sentiste exactamente? —le pregunté, interrumpiendo su historia. Tenía mucha curiosidad por saber qué estaba pasando en su conciencia.

—Estaba allí, caminaba alrededor de mi cuerpo en la oscuridad. En un momento dado percibí una especie de luz; era algo extraño, una luz muy lejana —dijo la mujer con voz llorosa y en medio de una fuerte emoción—, y en ese momento pensé: «Me estoy muriendo, esto es el final».

—¿Qué causó este pensamiento? ¿Cómo lo entendiste? —quise saber.

—Por mi trabajo, durante muchos años me he dedicado a personas en estado terminal y siempre he oído describir la muerte como una especie de túnel. Así que lo reconocí.

—¿Puedes describirme este túnel?

—No lo sé muy bien. Como daba vueltas a mi cuerpo, lo describiría como una espiral.

—¿Has dicho que había una luz al final de esta espiral?

—Sí. Y yo giré y giré y bajé cada vez más hasta que al final pude percibir una luz —confirmó Marla.

Pensé que su descripción no era muy similar a la de otras personas que han vivido una experiencia cercana a la muerte. El sentido común suele hacernos creer que vamos hacia delante o hacia arriba, hacia el cielo. Pero no fue así para ella. Cayó en picado hacia abajo.

—A medida que bajaba, la luz se hacía más brillante. En la parte inferior de la espiral es como si hubiera disminuido la velocidad hasta detenerme y finalmente hubiera entrado en la luz. Y justo en ese momento pensé: «Esto es la muerte». Porque sentí una extraña serenidad, me sentí como en casa. Después de unos momentos noté la presencia de unas personas queridas que se acercaban a mí.

—¿Recuerdas quiénes eran? —le pregunté.

—Mi abuela y mi abuelo. Murieron cuando yo todavía era una niña.

—¿Te dijeron algo?

—Sentí que mi corazón se estaba desacelerando y mi abuelo me miró con ternura y me dijo que no tuviera miedo. En realidad no me habló, no se trataba de sonidos; era más bien como si su sonrisa y su expresión me transmitieran esa frase.

—¿Que paso después?

—Continué, aventurándome a avanzar como absorbida por aquella luz cálida y poderosa. Y allí pude percibir seres que me decían «Bienvenida. Bienvenida a casa, te esperábamos». Eran mucho más altos que yo, con el pelo muy claro. Uno en particular me dijo que su nombre era Elatron. No entendí muy bien si era un ángel o un maestro. Sin duda era un ser evolucionado.

En ese momento no le presté mucha atención a ese nombre, pensando que era un simple apelativo que la mujer había percibido. Sin embargo, mi mente racional y a menudo incrédula prometió investigar más adelante el origen de ese nombre en particular. Para mi enorme sorpresa, y tras una búsqueda exhaustiva que duró toda una noche en la que no pude conciliar el sueño, descubrí que ese nombre aparentemente extraño derivaba de la combinación de dos palabras del griego antiguo, la primera *Ela* (έλα, voz del verbo ἐλαύνω: 'conducir') y la segunda *Thronoi* (θρόνοι, 'tronos', ángeles del tercero de los nueve coros angélicos), por lo que el nombre Elatron, mencionado por Marla, significaba literalmente 'ángel guía'.

—¿Vestían de alguna manera en particular? —quise saber.

—Sí. Llevaban una túnica o algo ligero que quedaba muy pegado al cuerpo. Era de un blanco muy brillante, más parecido a la luz que a una tela. No puedo describirlo mejor, lo siento.

—No te preocupes —la tranquilicé.

—Con ellos a mi lado comencé a sentirme muy bien. Me hablaban de una manera que yo definiría como telepática.

—¿Cuántos de estos seres estaban allí contigo?

—Percibí tres. Estaban justo a mi lado.

—¿Cómo te sentiste allí con ellos?

—Sentí un amor infinito y una sensación de bienestar que nunca antes en mi vida había experimentado. Me sentía conectada con el Todo, como si una parte de mí estuviera en todas las cosas, en todas partes.

—¿Ese concepto ha cambiado tu vida?

—Profundamente. Después de esa experiencia comencé a relacionarme con todos los seres animados o inanimados que me rodean. No me tomes por loca pero les hablo a los árboles e incluso a las cosas. Porque cuando me encontré en ese limbo, entre la vida y la muerte, me di cuenta de que todos estamos conectados: seres humanos, animales, plantas, minerales e incluso objetos. Regresé completamente cambiada, experimento un sentimiento de amor indescriptible en palabras, el mismo que pude sentir cuando estuve en contacto con esos seres evolucionados. La que volvió a la vida es una nueva Marla, en conexión infinita con toda la creación.

—¿Estos seres te comunicaron algo?

—Me dijeron que yo no estaba en el «más allá» y que en ese momento todavía estaba conectada con mi cuerpo físico. Me confirmaron que aún no estaba muerta sino que me encontraba en un estado intermedio para que pudiera entender que la muerte no es lo que pensamos, que nadie muere.

De hecho, Marla me dijo que no estaba del todo segura de si se había movido ella misma o si más bien esos seres la habían alcanzado.

—Todavía tenía la sensación de estar dentro de mi cuerpo —agregó— y era perfectamente capaz de ver que me estaban haciendo una resonancia magnética y quién estaba en la sala. Había algunos médicos que eran mis colegas, todos con sus batas blancas. Yo estaba ahí en el hospital pero a la vez estaba en otro lado y no tenía intención de despertar.

—¿Así que era como si estuvieras en dos lugares al mismo tiempo?

—De hecho, fue así. Aunque tenía los ojos cerrados y el cuerpo inerte, podía percibir todo lo que sucedía a mi alrededor. Recuerdo que al terminar el examen, el médico y una enfermera acompañaron mi camilla de vuelta a urgencias. Tan pronto como llegaron a la sala, también se les unió el neurólogo, quien aconsejó que me trasladaran a otro hospital mejor equipado para enfermedades de este tipo.

—¿Entonces habían descubierto de qué se trataba? ¿Cuál fue el diagnóstico del neurólogo?

—Isquemia cerebral.

—¿Cuánto tiempo estuviste inconsciente, me refiero clínicamente, desde que me dijiste que eras capaz de percibir a la perfección todo lo que estaba pasando?

—Alrededor de medio día.

—¿Y cómo fue la transferencia?

—Me mantuvieron sedada durante algún tiempo. Cuando me desperté no reconocí a nadie. Era como si hubiera perdido la memoria. Además, me sentía muy triste, incluso deprimida, diría. Quería quedarme al otro lado. Me costó mucho esfuerzo volver a la «vida».

—¿No te importaba dejar a tus hijos y a tu esposo?

—Al principio, mientras me deslizaba dando vueltas en la oscuridad en aquella espiral descendente sentí una gran angustia y mis pensamientos me repetían: «Me estoy muriendo... Dejo a mis hijos... Dejo a mis hijos solos... Me necesitan... ¿Qué será de ellos?».

»Pero en el momento en que llegué a la luz, sentí un amor muy profundo y un sentido de pertenencia. Me sentí envuelta y protegida por ese amor. En aquel momento fue como si ya nada importara. Tal vez esté mal decirlo, pero fue así. Era como si hubiera una clara conciencia dentro de mí de que algo o alguien más grande que yo se encargaría de ello. Ya no sentía dolor por dejarlos porque sabía que una fuerza sobrenatural lo arreglaría de todos modos.

—¿Tuviste algún problema después del ataque isquémico? ¿Cuál fue el curso sintomático? —le pregunté más tarde.

—Me desmayé. Hoy me doy cuenta de que he tenido doble suerte: he experimentado lo que se siente al otro lado sin tener ningún daño permanente. Las isquemias pueden dejar secuelas que muchas veces no desaparecen. No fue mi caso, aunque no fuera un lecho de rosas. Durante los siguientes tres meses mis movimientos eran muy lentos y hubo días en que ni siquiera podía levantarme de la cama. También había perdido el sentido de la orientación: al salir del trabajo no reconocía el camino a casa, que era un camino que había recorrido miles de veces, casi todos los días. Además, debo contarte una coincidencia absurda.

—¿De qué se trata? —le pregunté. No suelo creer en las coincidencias; opino que la mayoría son señales. Me adhiero a la definición de Jung, el célebre médico y psicólogo del siglo pasado, padre de la psicología analítica, a quien siempre he considerado uno de mis grandes maestros. Según él, las coincidencias no son eventos aleatorios sino «sincronicidades» a través de las cuales el mundo extrasensorial logra enviar mensajes a nuestra conciencia.

—En ese momento mi esposo y yo estábamos construyendo una pequeña casa a la que nos mudaríamos más adelante. Bueno, pues ¡el edificio se derrumbó exactamente el día que me derrumbé yo!

—Realmente increíble —respondí, ahora convencido de que su experiencia cercana a la muerte había sido todo menos accidental. La señal había llegado fuerte y clara.

—Afortunadamente, todos los trabajadores que estaban allí resultaron ilesos.

En mi opinión, una confirmación más de que no fue casualidad. El mensaje era para Marla y nadie más.

—¿Y qué piensa tu marido de todo esto?

—Mi esposo es una persona extremadamente racional. Ni siquiera quiere oír hablar de estos temas. Cuando conté mi experiencia, tanto él como mi hijo mayor literalmente se burlaron de mí. Aunque se asustaran mucho.

—Años después, ¿tu esposo ha mantenido su opinión?

—Ha experimentado cierta apertura. Desde que perdió a su padre, se ha estado haciendo muchas más preguntas sobre cualquier cosa que no esté estrictamente relacionada con el mundo material.

—¿Qué crees que has aprendido de todo esto?

—He comprendido que los acontecimientos de nuestra vida tienen un valor completamente diferente al que pensamos. Al principio fue muy difícil porque no podía integrar lo que había entendido con lo que sucede durante la vida terrenal. Pasé meses de gran confusión y depresión porque si hubiera sido por mí, no habría regresado. Poco a poco me fui readaptando a la vida. Siempre llevo dentro de mí ese sentimiento de amor infinito y envolvente pero he tenido que aprender a confinarlo para poder sobrevivir. He cambiado mucho y mi trabajo también ha cambiado, por suerte o por desgracia.

—¿A qué te refieres?

—Tenía un consultorio privado de psicoterapia y lo cerré. Para mí ya no tenía sentido ayudar a las personas con solo palabras porque podía percibir claramente la presencia de sus guías espirituales junto a ellas. Creo que mi experiencia cercana a la muerte me dejó con una especie de sexto sentido. Así que comencé a utilizarlo, también a través de la escritura automática.

—¿De qué se trata? —le pregunté.

—Lo hago a mano con lápiz y papel, pero también puedes hacerlo con un ordenador: entras en un estado de conexión o meditación y escribes todo lo que te viene a la mente, sin preocuparte por la coherencia de las frases o de las palabras que percibes. Al final todo se relee y es ahí donde aparece la coherencia del mensaje. Actúa como un medio, en el verdadero sentido de la palabra, es decir, se convierte en un puro medio de transmisión de mensajes que vienen de otra dimensión. No soy la autora de lo que escribo cuando utilizo la escritura automática.

—¿Así que cambiaste tu método de trabajo?

—En realidad, no. He asistido a muchos cursos de mediumnidad, de varias disciplinas holísticas y de *reiki*, pero por el momento nunca los he utilizado con mis pacientes. Son estudios que me fascinan ya que he entendido que la realidad va mucho más allá de lo que podemos ver, tocar u oír.

—¿Ha habido otros cambios?

—Ahora le doy menos importancia a muchas de las cosas que me pasan. Comprendí que lo importante son las relaciones con las personas, los afectos, el amor, la conexión entre los seres. El resto es irrelevante.

Puedo asegurar que lo que Marla acababa de decirme es verdad. Es muy común que las personas que viven experiencias de este tipo demuestren posteriormente un mayor grado de conexión con el mundo extrasensorial. Por lo que he podido observar, son verdaderos mensajeros, cuya misión es enseñar el amor a las personas que los rodean. Y lo hacen de una manera muchas veces muy tierna; contándonos su testimonio nos instan a aprender y mostrar un cariño infinito hacia todos los seres. El mismo amor que sentimos y conocemos antes de nacer y cuando morimos. Estas personas, a las que la sociedad a veces considera al menos únicas, nos recuerdan con su presencia quiénes somos realmente, es decir, seres hechos de pura energía amorosa. La compasión y la ternura que sentimos hacia un niño gravemente enfermo, un animal herido o una persona que ya no se vale por sí misma nos confirma que hemos aprendido la lección. Para aprender estas enseñanzas nuestras almas deciden venir a la tierra. Son nuestras maestras, nuestra escuela.

Creo que cada uno de nosotros tiene un camino individual que seguir durante nuestra existencia. Las relaciones personales son ciertamente importantes, como le recordaron los guías espirituales de Marla durante esa experiencia rayana en la realidad, pero la experiencia individual que forma el alma de todos nosotros es igualmente crucial. No tiene absolutamente nada de malo ser muy racional, al fin y al cabo yo también lo fui hasta los treinta y nueve años y sigo considerándome algo escéptico a pesar de que mi camino en los últimos tiempos ha ido acompañado de muchas vicisitudes al límite de lo increíble. Sin embargo, decidí contar estos testimonios de todos modos, para que a través de los numerosos casos cada lector pueda sacar sus propias conclusiones. La muerte, para los protagonistas de este libro, ya no parece un misterio.

Clara

Clara es una mujer de cuarenta y cuatro años de edad, de estatura media y complexión atlética. Tiene el pelo ondulado no muy largo y de color castaño oscuro con reflejos rubios. Cuida su nutrición y va al gimnasio varias veces a la semana a pesar de que su vida diaria es bastante agitada. Lleva varios años trabajando como ejecutiva en una gran multinacional, hecho que no la ha obligado a renunciar a nada ya que está felizmente casada y tiene dos hijos ya más que adolescentes, uno de dieciocho y otro de dieciséis.

Un viernes a última hora de la tarde se encontraba en el dormitorio de su amplia casa, decorada con un estilo moderno y minimalista. A ella le gustaba así, era una persona muy ordenada y cuando volvía por la noche después del trabajo quería que su hogar le diera la sensación de paz y tranquilidad que había echado de menos durante el día. Su esposo, Víctor, un hombre cuatro años mayor que ella, alto, algo fornido y con poco cabello, era de un estilo completamente diferente y Clara tenía que admitir que la ropa que dejaba en la casa y los platos sucios en la cocina a veces la enfurecían. Aparte de estos pequeños detalles, era el amor de su vida, la completaba en todo y cuando estaba a su lado se sentía protegida y querida, además de que con él se lo pasaba genial. Tenía un sentido del humor bastante sarcástico que ella encontraba hilarante.

—Víctor, ¿puedes darte prisa? —le gritó a su marido al ver que su maleta seguía abierta y medio vacía sobre la cama. Además, la colcha beis de algodón egipcio estaba visiblemente manchada por las ruedas. Se suponía que debían irse en unos minutos y él todavía estaba frente a la PlayStation. Por el contrario, la maleta de Clara ya estaba lista, había doblado cuidadosamente toda la ropa y ordenado los cosméticos y los zapatos en bolsitas especiales. Estaba acostumbrada a viajar por trabajo y sabía exactamente qué llevar y cómo organizar el equipaje. Su filosofía era la de colocar siempre las cosas en los mismos lugares, para no olvidar nada y no perder demasiado del preciado tiempo que pasarían de vacaciones.

—¡Voy! Un momento, amor —respondió.

—¡Venga! Ya sabes que si no salimos de inmediato, encontraremos mucho tráfico. He reservado la cena y si no te das prisa no llegaremos a tiempo.

—Acaba tú de hacer mi maleta. Eres mucho mejor que yo para eso —dijo él.

Típico de Víctor, ese comentario la enfureció. Era la manera en que la manipulaba para obligarla a hacer las cosas que él no quería hacer, y ella lo sabía muy bien. Pero esa vez se tragó el sapo y se puso manos a la obra, ya que era más importante irse.

Unos veinte minutos después, Clara estaba cómodamente sentada en el asiento del copiloto de su enorme y potente automóvil alemán, una de las ventajas que le reportaba su trabajo. A su lado, su marido conducía. El tiempo era casi veraniego y ambos iban vestidos de manera informal, con camisetas y pantalones cortos, ya que pasarían el fin de semana en un hotel de montaña con un gran *spa*. Su vida era muy estresante y habían añorado esos pocos días de descanso, lejos del trabajo y las responsabilidades familiares.

—¿Qué música quieres escuchar? —preguntó él mientras aceleraban por la autopista a gran velocidad.

—Pon esa *playlist* de los noventa, esa que tanto me gusta —respondió ella, y las notas de *Torn*, de Natalie Imbruglia, comenzaron a extenderse por el habitáculo.

—*That's what's going on... Nothing's right... I'm tooorn!* —cantó Clara siguiendo la canción, que sonaba a través del sistema de audio del coche. Estaba muy contenta.

De repente, se oyó un ruido muy fuerte, similar al de una explosión. De inmediato, el auto se desvió a la izquierda, golpeó contra el guardarraíl y giró varias veces sobre sí mismo, como un perro que se persigue la cola sobre la alfombra, hasta que finalmente se estrelló en el lado opuesto de la carretera.

No podía ver nada. Su rostro estaba cubierto por los *airbags* delantero y lateral del automóvil. Pero sintió un dolor agudo en la pierna izquierda y en la boca tenía un sabor extraño, a sangre. A su lado, el rostro de Víctor estaba completamente teñido de rojo. Aterrorizada, se dio cuenta de que no respiraba. Intentó llamarlo pero ninguna palabra podía salir de su boca. Pensó que estaba muerta porque no podía moverse ni hablar.

—¡Clara! —oyó que gritaban. No era la voz de Víctor sino la de una mujer, y provenía del exterior del auto—. Todo está bien, no te preocupes —le dijo.

Era una señora de cabello rubio bastante largo y lacio; lo llevaba recogido en una cola de caballo. Clara supuso que era de los paramédicos que habrían llegado al lugar. Pero ¿era posible? El accidente había ocurrido hacía solo unos segundos.

—Mantén la calma. Estoy aquí para tranquilizarte y estar a tu lado. Es un momento importante para ti. Yo te acompaño.

—¿Acompañarme a dónde? ¿Al hospital? —trató de decir. Pero ninguna palabra salió de su boca.

—Para despedirte de Víctor —respondió la mujer, que parecía haber escuchado sus pensamientos.

—¿Para despedirme? Pero si está herido, está sentado a mi lado —volvió a intentar responder sin hablar.

—Su cuerpo está aquí, pero él ya no está.

Esa última frase le produjo un escalofrío de terror mezclado con una extraña sensación de felicidad. Comprendió en ese momento que su amado Víctor estaba muerto. Y ella también debía de estarlo si realmente iba a despedirse de él pronto. Ya no tenía miedo.

Pero Clara pensó que aquella mujer rubia no parecía para nada un ángel, pues era bastante corpulenta y vestía ropa de paisano, una falda gris claro que le llegaba a la rodilla y una blusa blanca con un collar de perlas. Se parecía más a la secretaria de un consultorio médico. Pero no era el momento de discutir.

—Está bien. Estoy lista —le dijo.

La mujer la levantó del asiento y la arrastró fuera. Tenía una fuerza casi sobrenatural y ese gesto no parecía haberla cansado en absoluto. Ahora ambas estaban al lado del auto, aunque Clara podía verse nítidamente a sí misma todavía inclinada sobre el *airbag*.

«Estoy realmente muerta», pensó de nuevo, al darse cuenta de que ya no estaba dentro de su cuerpo físico. No podía creer lo que veía, estaba mirando su propio cuerpo y el de su esposo, y lo que estaba pasando no se correspondía para nada con la idea de la muerte que tenía mientras aún estaba viva. Habría pensado de todo menos en eso. Su concepción, como creyente, era que tal vez iría a un lugar mejor, el famoso paraíso, y que tal vez algunos de sus seres queridos, los ángeles, Jesús, la recibirían... Ciertamente no una mujer rubia y con sopreprepeso con falda y blusa.

—Entiendo cómo te sientes —dijo la mujer, una vez más como si estuviera leyéndole los pensamientos—. Estás confundida y también un poco asustada. Después de todo, ha sido muy rápido y en estos casos una reacción como la tuya es completamente normal —agregó en un tono muy profesional, propio de alguien que conoce muy bien su oficio.

Ella era una experta. Clara estaba asombrada de sus propios pensamientos porque, aunque estaba atónita, juzgaba a la mujer como si ambas estuvieran vivas, como lo haría si en realidad fuera una auxiliar médica. También estaba sorprendida de que las palabras de esa extraña señora la hubieran tranquilizado tanto. Era como si de repente estuviera más serena y no sintiera ningún tipo de preocupación. Como si todo aquello fuera lo más normal del mundo. Se sentía como una niña en el jardín de infancia a la que la maestra acompaña al patio de recreo. No dudó en confiar en aquella extraña.

—Entonces, ¿estás lista para marcharte? —preguntó la mujer rubia.

—Claro —respondió Clara, presa de un peculiar sentimiento de felicidad. Después de todo, iba a encontrarse con Víctor. No podía esperar a estar junto a él de nuevo. La mujer la tomó de la mano y comenzaron a caminar por la carretera, que ahora parecía extrañamente desierta. Después de unos pocos pasos, Clara se volvió hacia su coche como para asegurarse de que todo era verdad y no un sueño. El automóvil aún estaba allí medio destruido, al lado del guardarraíl. Siguieron caminando durante unos minutos mientras el firme apretón de mano de la mujer tranquilizaba aún más a Clara. Era bastante extraño que abandonara a su amado esposo allí, dentro del coche, y que confiara ciegamente en aquella extraña, pero así era como se sentía. Su intuición le confirmó que iba en la dirección correcta.

De repente una espesa niebla cayó a su alrededor, lo cual no la impresionó en absoluto ya que era normal en la zona donde se encontraban, sobre todo a últimas horas de la tarde y por la noche. Lo que la asombró fue el color blanco brillante de aquella niebla, casi deslumbrante, tanto que le era imposible distinguirla de una luz fuerte. Normalmente le habría molestado en los ojos. Siempre le gustaba llevar gafas de sol, que consideraba complementos imprescindibles de su guardarropa, pero en ese momento, en vez de que la luz la deslumbrara, se encontraba enormemente a gusto. Era una neblina cálida, que consideró normal porque era ya casi verano, y parecía envolverla en un dulce abrazo que le recordaba al de su madre cuando aún era una niña pequeña. Así se sentía, protegida y cuidada por esa luz y la mano de aquella extraña señora.

Después de unos cuantos pasos más, la niebla no se disipó pero la luz se volvió uniforme, como si estuvieran en un gigantesco espacio en blanco. Siguieron caminando un rato a paso relajado, cuando desde lejos Clara vio una figura que caminaba en su dirección. Lo reconoció de inmediato: ¡era Víctor!

Llevaba pantalones deportivos grises y una camiseta blanca, lo que la impresionó mucho ya que no era la misma ropa que llevaba puesta en el coche. Se miró a sí misma y vio que todavía vestía la misma camiseta y los mismos pantalones cortos. Él caminaba con paso ligero pero erguido y parecía moverse a unos centímetros por encima del suelo. Se acercó y ella no pudo evitar abrazarlo con fuerza. La sensación que sintió en sus brazos aún no puede describirla con palabras, según ella. Se sentía como cuando era un bebé recién nacido en los brazos de su madre, protegida y segura de nuevo. Deseaba que aquel abrazo nunca terminara. El tiempo literalmente se había detenido y tenía la sensación de que siempre había estado allí y de que permanecería allí indefinidamente. Era como si las manos de Víctor pudieran tocar cada centímetro de su piel simultáneamente y podía notar su olor. Era un sentimiento completamente diferente al que había experimentado durante los innumerables abrazos que su esposo le había dado durante los muchos años de su relación. Esta vez era como si sus cuerpos se hubieran fusionado y ya no pudiera entender ningún tipo de separación entre ellos. Eran uno y el mismo. Me confirmó que aunque se suele decir que uno se siente así cuando está enamorado, en ese caso no era para nada una metáfora. Creyó sentir las piernas y los pies de Víctor, su abdomen y sobre todo los latidos de su corazón al unísono.

Lo único que discordaba de ese maravilloso sentimiento era la presencia de la señora rubia a su lado. No entendía por qué todavía estaba allí y los observaba como lo haría un guardia de prisión cuando se visita a un recluso. Pero la expresión de la mujer estaba lejos de ser amenazante y continuaba dándole una gran sensación de paz.

—Amor, ¿estamos muertos? —le preguntó a su esposo mirándolo a los ojos, aunque como de costumbre sus labios no se movieron ni salió voz alguna. Le estaba hablando telepáticamente, tal como lo había hecho con la extraña dama.

—No, mi niña —respondió con el pensamiento Víctor, y agregó—: Yo sí, pero tú no.

Esa respuesta le provocó una sensación de pánico e incredulidad; era como si una licuadora hubiera comenzado a remover todos sus órganos internos a gran velocidad. Tenía ganas de vomitar, quería llorar pero no le salían lágrimas de los ojos. Sobre todo, quería morirse.

—¿Qué estoy haciendo aquí si no estoy muerta? —preguntó, volviendo su mirada hacia la mujer rubia.

No fue ella quien le respondió, sino su esposo.

—Amor, estás aquí para despedirte de mí y saber que siempre estaré cerca de ti, que nunca te dejaré. Volveremos a encontrarnos a su debido tiempo.

—¡Pero quiero quedarme aquí contigo ahora! —respondió ella desesperada.

—Todavía no es tu momento, todavía tienes muchas cosas que hacer. Tienes que cuidar de los chicos, que aún son muy jóvenes.

Era cierto, pensó. ¿Cómo se había olvidado de sus hijos, a quienes adoraba? Pero en ese momento parecía que no le importaban. Todo lo que quería era permanecer en ese abrazo para siempre.

—Ahora debemos irnos. —La voz de la dama interrumpió sus pensamientos.

—¡Por favor, todavía no! Déjame quedarme aquí un poco más, por favor.

—Nuestro viaje ha terminado —respondió la mujer, sin dejar de mirarla de forma amable y llena de amor.

Víctor también la miró con la misma expresión. Su rostro resplandecía y su tez era tan uniforme y radiante que la dejó asombrada y tranquila. Era como si le dijera que se fuera sin miedo porque todo saldría bien y tarde o temprano volverían a encontrarse. La saludó con un último beso en la distancia y desapareció.

La mujer rubia volvió a tomar su mano y juntas partieron de vuelta por el mismo camino por el que habían llegado. Clara se dio la vuelta pero no quedaba ni rastro de su marido. Después de unos segundos llegaron a la autopista y se situaron junto al vehículo. La mujer la tomó en sus brazos con una fuerza literalmente sobrehumana y la colocó en el asiento en la misma posición en que la había encontrado. Clara no vio nada, sus ojos estaban nuevamente cerrados y tapados por el *airbag*.

De repente oyó sirenas y la voz de otra mujer.

—¡No tiene pulso! —la oyó gritar, y sintió unos brazos que trataban de mover su cuerpo. Esta vez con enorme dificultad y esfuerzo. Al cabo de unos segundos sintió que la recostaban sobre una camilla que empezó a moverse por el asfalto. Finalmente, después de un gran ruido y un fuerte susto, su cuerpo comenzó a dolerle por todas partes. Un dolor muy fuerte en el pecho y en la cara. Se dio cuenta de que debían de haber utilizado un desfibrilador y supo que a su alrededor había más gente, sanitarios y policías. Una gran confusión se apoderó de ella y la cabeza le dolía terriblemente.

—¡Señora! ¡Señora! ¿Puede oírme? —Volvió a oír la voz de aquella mujer de uniforme sin poder abrir aún los ojos.

Ocho semanas después, Clara estaba en mi estudio y me contaba esa experiencia que rayaba en lo improbable. Me explicó que había reanudado una especie de vida normal, que había regresado al trabajo y estaba cuidando a sus dos hijos. Lloraba varias veces al día y la falta de Víctor a menudo le cortaba la respiración. Sin embargo, me dijo que sentía una extraña fuerza interior que nunca antes había experimentado. Era una mujer práctica y activa que se enfrentaba a cualquier problema sin dudarlo, pero dijo que esta vez era diferente. Era como si ya no sintiera ningún miedo, como si hubiera algo dentro de ella que siempre la hacía sentir equilibrada.

Le pregunté si lo que había vivido el día del accidente había cambiado en algo su forma de ser.

—¡Sin duda! —respondió—. Ya no le tengo miedo a la muerte porque sé exactamente cómo es. No me asusta en absoluto tener que volver allí algún día, todo lo contrario. Soy consciente de que me mandaron de regreso porque tengo que cuidar a mis hijos y todavía tengo muchas cosas que hacer. La vida hay que vivirla y ahora puedo hacerlo con mucha más serenidad porque sé que es solo temporal.

»Parece absurdo lo que digo, lo sé. Pero es así. El hecho de que tarde o temprano moriré, en lugar de aterrorizarme como antes, me da una gran sensación de paz. Sé que volveré a ver a mi marido y que en ese lugar experimenté una increíble sensación de bienestar, que nunca en mi vida había experimentado. Ahora puedo asegurar que la muerte es el menor de mis miedos, y estoy mucho más preocupada por lo que me pueda pasar en la vida y mucho más triste por la falta de Víctor, tristeza que aumenta cada día, en vez de disminuir.

»Pero poder abrazar a mis hijos y ver su sonrisa me hace feliz. Creo que haberme enviado de regreso fue un gran regalo porque me permitió tener ambas cosas: poder vivir la vida al lado de mis hijos y al mismo tiempo la certeza de que algún día iré a un lugar hermoso y mi esposo estará ahí esperándome. Me considero muy afortunada.

Su tono de voz y la expresión de su rostro no dejaban sombra de duda. Parecía segura de que no lo había soñado y que todo lo que había vivido había sucedido realmente. Después de todo, su corazón se había parado durante unos minutos... ¿Se puede soñar sin latidos?

Tom

Las personas tienen ideas muy variadas acerca de la muerte y muchas veces estas creencias pueden influir en la manera en que viven sus vidas. El miedo al final es un elemento ancestral que nos une a todos, y cada uno tiene su forma de exorcizarlo, olvidando que en realidad es un acontecimiento intrínsecamente ligado a la vida misma. Hay quienes niegan la muerte por completo y no quieren ni oír hablar de ella. Cuando me encuentro con esas personas, por lo general veo una expresión en sus rostros similar al pánico y a la ansiedad si se saca el tema. Es como si trataran de sobrevivir manteniéndola constantemente fuera de sus pensamientos, como algo de lo que no preocuparse porque nunca sucederá. Suelen ser personas muy apegadas a los bienes materiales y a las cosas en general, como si esos objetos pudieran actuar como un ancla que las salve del inevitable final. Otros se esfuerzan por llenar cada momento de su tiempo con actividades de trabajo u ocio, cosas que hacer, gente a quien ver. Intentan ocupar la mente en todo momento para no permitirle reflexionar y detenerse en su propio ser. Piensan que solo hay una vida y tratan de que sea lo más plena posible; como si estuvieran cenando en un bufé de esos de «todo lo que puedas comer», se aseguran de que nada se desperdicie. Luego están aquellos que se preocupan obsesivamente por su salud, casi llegando a la hipocondría. Sus semanas están llenas de citas médicas y pruebas diagnósticas, en la búsqueda constante de un veredicto de buena salud que aleje en lo posible el nefasto suceso, sin darse cuenta de que no están viviendo para nada con serenidad la vida que les es tan querida. Otras personas, en cambio, ocultan su miedo dedicando toda su vida a los demás, ya sean familiares o amigos. Las reconoces porque dicen que nunca tienen tiempo para ellas mismas y siempre están ocupadas cuidando a los niños, a los padres, a algún otro familiar o amigo necesitado, o a las mascotas, propias y ajenas. Otros trabajan hasta dieciséis horas al día preocupados únicamente por su carrera. Y la lista es larga.

Son mecanismos de supervivencia que todos ponemos en práctica y que nos ayudan a seguir adelante. De hecho, es mucho más fácil dedicar nuestra atención a algo externo, sean eventos o personas, que mirar hacia dentro y concentrarnos en nuestros problemas. Se dice que todo ser humano, en el momento en que abandona la dimensión sobrenatural de la que todos venimos, un lugar hecho de puro amor y dicha y el mismo al que regresamos al final de nuestra existencia, se siente huérfano de ese amor. En el momento en que nacemos es como si perdiéramos un pedazo de nosotros mismos, y ese sentimiento crea el vacío interior que nos une a todos, independientemente de la existencia terrenal que vivamos. Todos somos iguales desde este punto de vista. Pero cuando nacemos es como si nos olvidáramos del amor del que estamos hechos y del que venimos, nos concentráramos puramente en la dimensión terrenal y lucháramos para tratar de sobrevivir. Sin recordar que la muerte representa un elemento ineludible ligado a la vida, la tememos terriblemente y hacemos todo lo posible por sacarla de nuestros pensamientos. Intentamos llenar el inmenso vacío que sentimos sin darnos cuenta de que la muerte siempre está junto a nosotros y que al no aceptarla no hacemos más que alimentar nuestro miedo.

Yo también soy un ser humano, y nada más lejos de mi intención que condenar estas estrategias de supervivencia que son totalmente comprensibles. Cada uno hace lo que puede, pero entre vivir y sobrevivir hay una gran diferencia, y creo que la vida se debe vivir plenamente porque representa un gran regalo y una oportunidad de crecimiento para nuestra alma. En lugar de aprovechar este don, tenemos miedo constante a perderlo y no poder disfrutarlo. Imagina que te dan un objeto que deseas mucho y nunca lo utilizas por miedo a que se dañe o se rompa. Por desgracia, hacemos lo mismo con nuestra vida: tenemos tanto miedo a perderla que somos incapaces de apreciarla por completo.

Las personas que han pasado por una ECM, o experiencia cercana a la muerte, están muy familiarizadas con este concepto y todas reportan que han aprendido lo mismo, que es poder dar a la propia vida un valor que antes no eran capaces de entender. Han estado en proceso de perderlo, se han dado cuenta de lo que les espera al final y han asegurado que ya no es algo que teman vivir. Los relatos de sus vivencias me parecen una herramienta mucho más eficaz para ayudarnos a lidiar con el miedo a la muerte que los que mencioné anteriormente, y precisamente por eso decidí contarlos.

Tom es un hombre alto, bastante corpulento, de cincuenta y tres años, con las manos y los pies muy grandes. Su cara es ovalada, con ojos marrones y una nariz corta con una punta grande y redonda. Ha perdido la mayor parte del cabello en el área superior de la cabeza. Suele vestir siempre de traje y corbata ya que trabaja para una empresa comercial y lleva a cabo funciones de responsabilidad. Está casado y tiene un hijo de veinticuatro años que estudia en la universidad. Su esposa trabaja en el mismo sector que él, pero en una empresa diferente. Se conocieron cuando tenían veinte años y se mudaron a vivir juntos casi de inmediato. Tienen una bonita casa de una planta con jardín en las afueras de una gran ciudad. La vida de Tom está marcada principalmente por su trabajo y el único pasatiempo que tiene, que es correr. A juzgar por su físico no parece un hombre especialmente deportista pero según él solo ha engordado en los últimos años, hecho que atribuye a la edad.

Era la mañana de un sábado de un día de otoño cuando apenas despertó y aún en pijama salió de su dormitorio para dirigirse al gran salón con cocina americana.

—Buenos días, cariño —le dijo a su esposa, quien tomaba café sentada en uno de los cuatro taburetes alineados frente al moderno mostrador.

—Buenos días —respondió ella, girando y levantando la cabeza para alcanzarlo con un beso.

En muchos años no habían perdido esa costumbre a pesar de que su matrimonio no había estado exento de algunos altibajos, malentendidos o discusiones ocasionales. Sin embargo, las disputas eran ahora bastante frecuentes y dedicarse al mismo trabajo, en lugar de unirlos, no les ayudaba en absoluto. Ambos tenían personalidades fuertes y con los años las diferencias entre ellos habían aumentado de manera significativa. Vivían bajo el mismo techo pero prácticamente llevaban vidas separadas. Los únicos momentos que compartían eran algunas tardes en el sofá frente al televisor e incluso entonces nunca podían ponerse de acuerdo sobre qué ver. Este sentimiento de alienación se había agravado aún más desde que su hijo se fue de casa para asistir a la universidad en otra ciudad.

—¿Qué planes tienes hoy? —le preguntó Tom, asumiendo que cada uno pasaría el día por su cuenta.

—Esta mañana tengo cita en la peluquería, luego voy al supermercado, regreso a casa a descargar la compra y almuerzo con una excompañera a la que hace mucho que no veo —respondió, y agregó—: ¿Y tú qué harás?

—Saldré a correr.

La esposa asintió sin responder. Su marido ahora parecía una persona bastante aburrida e incapaz de darle estímulos de ningún tipo. También a nivel sexual su entendimiento había ido decayendo en los últimos años y tenían muy pocas relaciones físicas. Pero, en general, aquello aún era llevadero porque todavía estaba enamorada de su esposo y no sentía la necesidad de encontrar a otra persona. Tom solía correr todas las tardes y los fines de semana, y eso le permitía a ella pasar su tiempo libre como mejor le parecía. Después de meter las tazas que habían usado para el café en el lavavajillas, ambos fueron a darse una ducha. Ahora que su hijo estaba fuera de casa, incluso podían tener el lujo de un baño cada uno.

—¡Estoy muy harto! —gritó Tom al teléfono. El volumen de su voz llegó incluso al otro baño que estaba al fondo del pasillo—. ¡Es increíble que me molestes incluso en sábado! Si no eres capaz de hacerlo tú mismo, tal vez sea mejor que te busques otro trabajo. No sirves para nada.

Estaba muy molesto porque uno de sus agentes de ventas lo estaba molestando con algunos detalles sobre el contrato de un cliente. Sus pocos días de descanso eran sagrados y pensaba que estaba rodeado de ineptos incapaces de hacer su trabajo. Parecía que si no se ocupaba personalmente de cada detalle, las cosas no salían bien. Sabía que el hecho de ser indispensable lo ataba aún más a su empleo, esclavizándolo en cada momento de su existencia. Estaba obligado a cumplir las responsabilidades de su profesión, y aunque trataba desesperadamente de desconectar su mente de los asuntos laborales, en realidad no se daba cuenta de que él mismo alimentaba ese círculo vicioso. Era como si obtuviera un placer masoquista por el hecho de que su mente nunca estuviera libre de pensamientos. Le colgó el teléfono de malas maneras a su compañero, se puso un pantalón, una camiseta técnica y unas zapatillas, y salió tan furioso que ni siquiera se acordó de despedirse de su mujer. Se subió a su SUV blanco, abrió la puerta del garaje con el control remoto y condujo a toda velocidad hasta el parque que estaba a unos pocos kilómetros de su casa, tocando el claxon y maldiciendo a cualquier vehículo que se interpusiera en su camino.

Cuando llegó a su destino, estacionó el coche y comenzó a correr lentamente para calentar los músculos de las piernas. Los auriculares del teléfono reproducían música de *jazz*, su favorita, que solo podía escuchar cuando iba en el coche o con auriculares porque su esposa la odiaba. Se sintió libre y feliz pero solo unos instantes, porque los pensamientos relacionados con el trabajo volvieron de inmediato y con más fuerza a su mente. Aceleró el paso: ahora corría cada vez más rápido, en una búsqueda desesperada de paz, como si las sustancias químicas que segregaba su cuerpo pudieran de alguna manera romper el ritmo incesante de preocupaciones que invadían su mente. Era temprano y como también era el primer día de la temporada de rebajas, el parque estaba casi desierto. Una parte de él se sentía feliz de que no hubiera mucha gente, a pesar de que la falta de distracciones aumentaba su ansiedad. Pensó en lo que les diría a sus colaboradores el lunes por la mañana cuando regresara a la oficina e hizo el ensayo general de cuáles serían sus reacciones, preparándose para responder a todas las posibles declaraciones o disculpas. Y siguió corriendo, cada vez más rápido.

De repente sintió un dolor intenso en la cabeza, luego en el brazo y en el pecho. Le costaba mucho respirar. En cuestión de segundos, perdió el control de su cuerpo. Pensó que era ira, ansiedad, un ataque de pánico por los problemas en la empresa..., pero no tuvo tiempo de sacar conclusiones porque cayó inerte al suelo.

Mientras tanto, su mujer había llegado a la peluquería y, tras haber dejado el bolso en la recepción del local, disfrutaba del masaje que el chico le estaba dando en la cabeza mientras le ponía el champú.

Tom, en cambio, estaba en el suelo, recostado sobre el lado derecho de su cuerpo, sobre la hierba mezclada con barro. Mientras observaba los árboles en la distancia, el dolor se volvió insoportable y la respiración imposible. Cerró los ojos y sintió una gran ira mezclada con desesperación porque sabía que iba a morir. Le estaba pasando a él. Poco a poco, sin embargo, el dolor disminuyó hasta desaparecer por completo. Curiosamente empezó a sentirse bien y experimentó una gran sensación de relajación y tranquilidad. La algarabía de pensamientos había abandonado su mente y estaba sereno. Su cuerpo ya no le dolía; de hecho, se sentía más ligero y experimentaba la misma sensación placentera que había sentido años atrás cuando lo habían sedado parcialmente durante una prueba diagnóstica.

Abrió los ojos y se dio cuenta de que ya no estaba observando la vegetación del parque sino su propio cuerpo, tendido sobre la hierba. Daba vueltas a un par de metros sobre el suelo y ahora se observaba a sí mismo: debía de estar muerto. Miró a su alrededor y vio que no había nadie allí, todavía asombrado de que no estuviera sintiendo ningún tipo de sufrimiento. Se abandonó a esa paz que lo envolvía y que lo absorbía.

Se encontró en el largo corredor de una galería con columnas a cada lado. Era gris y no pertenecía a ningún edificio ya que no parecía estar hecho de materia, sino de una sustancia parecida a la de las nubes, aunque el aire que constituía las columnas no era tan ligero. En el fondo brillaba una poderosa luz blanca. Empezó a caminar atraído por aquel resplandor.

Mientras tanto, el teléfono en el bolso de su esposa comenzó a vibrar sin que nadie se diera cuenta. Prefería dejarlo en modo vibración todo el tiempo porque encontraba que el tono de llamada era algo inconveniente y molesto cuando estaba en entornos sociales. El sistema de rescate automático del reloj inteligente de Tom había desviado la llamada a su teléfono después de detectar que su cuerpo había caído al suelo y su pulso había cambiado. Ella era su único contacto de emergencia.

Entretanto, él seguía caminando por ese largo pasillo cuando vio a un colega suyo detrás de una columna a su derecha.

—Hola, Tom —dijo el colega en voz baja.

—Hola —respondió él, asombrado por aquel extraño encuentro. Pensó que tal vez era un sueño y que no estaba muerto en absoluto. ¿Cómo podría un colega suyo aún vivo estar allí con él en esa dimensión? De alguna manera, esa reflexión lo tranquilizó ya que en su opinión había recuperado el control de la situación.

Todos estos años de experiencia, durante los cuales he podido conocer a muchas personas y realizar miles de regresiones, me han dado la oportunidad de familiarizarme con la muerte y los viajes que cada uno de nosotros emprende a lo largo de muchas vidas. Es difícil explicar en términos humanos una entidad tan compleja como el alma, pero he entendido que de ninguna manera está limitada por nuestros cinco sentidos o por los límites del tiempo y el espacio, y que no necesariamente se encuentra en un lugar y en un momento en particular, sino que está presente en el cuerpo terrenal y simultáneamente en una dimensión superior. Creo que todos, en cada momento, tenemos una parte material y una parte celestial y que el ser humano es solo un vehículo a través del cual nuestra alma tiene la oportunidad de experimentar la vida y aprender las lecciones que la Tierra, como escuela, nos ofrece.

Más tarde, durante el período entre una existencia y otra, tenemos la oportunidad de experimentar un estado de inmensa dicha, reencontrarnos con nuestros seres queridos, compartir con ellos el amor infinito y las lecciones que hemos aprendido y decidir qué otras vidas tendremos. Después de todo, incluso la ciencia ha demostrado que el tiempo no existe realmente como una medida física sino solo como una percepción subjetiva de la conciencia humana. La vida de cada uno está marcada por un modelo de interpretación y sucesión de acontecimientos, que llamamos «tiempo». Aunque incluso las estrellas y los eventos físicos del universo parecen estar marcados por su fluir, el mismo concepto de tiempo es completamente ilusorio. La teoría de la relatividad lo ha demostrado: el tiempo fluye de manera diferente según la posición de un cuerpo, en relación con su proximidad a un objeto masivo y su velocidad. Por lo tanto, no existe realmente, sino que es solo una ilusión arbitraria de nuestra percepción, que intenta comprender las leyes físicas que gobiernan el universo. Podríamos considerar el tiempo como una cuarta dimensión, tan indispensable para la existencia de las otras tres como necesario para la persistencia de seres tridimensionales que de otro modo serían efímeros. De lo contrario, sería imposible para nuestra conciencia medir el curso de los acontecimientos, que en realidad representan solo cambios físicos en el estado de los cuerpos.

—¿Qué estás haciendo aquí también? —le preguntó Tom a su colega, allí de pie junto a una de las columnas grises hechas de nubes.

—Estoy aquí para hablar contigo y hacerte comprender mi estado de ánimo. Cosa que nunca haces cuando estamos en la oficina. Siempre has sido frío y ajeno al hecho de que nosotros también somos seres humanos. Siempre nos has tratado con indiferencia y superioridad en virtud de tu función corporativa. Para ti, yo soy como una máquina, un ordenador que te interesa solo para obtener tus resultados y nunca me has considerado como una persona.

»En los raros momentos en que te muestras afable, está claro que lo haces por interés y que tus palabras no son sinceras. Me has utilizado todos estos años y nunca has querido profundizar en nuestra relación a nivel humano, nunca has querido ver a la persona que soy y nunca te ha importado lo que puedo comunicarte o enseñarte. La relación entre nosotros siempre ha sido unilateral: tú ordenas y gritas, y yo tengo que ejecutar y recibir los golpes.

Tom comenzó a sentirse incómodo y aumentaron sus ganas de despertar de lo que ahora ya se había convertido en una pesadilla, pero no pudo hacerlo porque esa luz blanca al final del pasillo lo atraía y a la vez le asustaba. Siguió caminando y después de unos pasos vio a otro compañero de trabajo detrás de la siguiente columna. Esta vez no pronunció una palabra, ni siquiera mentalmente, y esperó a que él fuera el primero en hablar. Tras imaginarse el contenido de lo que el otro le diría, Tom se dio cuenta de que no tenía mucho que decir.

—Buenos días, Tom. No te preocupes —le dijo—. No estamos aquí para juzgarte o hacerte sentir mal, solo para recordarte quién eres.

—Gracias —respondió Tom, algo más tranquilo pero aún incómodo ya que la presencia de sus compañeros había empañado un poco la sensación de bienestar absoluto que había experimentado al comienzo del pasillo.

—Me gustaría decirte que no te has portado como una buena persona conmigo. Te pongo un ejemplo: ¿recuerdas aquella tarde de hace unas semanas en la que te pedí salir a tiempo de la oficina en lugar de quedarnos hasta tarde como siempre nos obligabas a hacer? Te dije que iba a ir a la final del torneo de fútbol de la escuela de mi hijo de ocho años y que era muy importante para él que yo estuviera allí.

»Pero tú, sin hacer caso de mis sentimientos y los de mi hijo, me obligaste a quedarme en la empresa para corregir detalles insignificantes y muy meticulosos de una de las presentaciones de ventas. Me sentí muy mal por tu culpa y siento la necesidad de hacértelo saber. No por venganza sino por amor a ti, porque saberlo te hará una mejor persona.

Tom se quedó atónito al escuchar sus palabras. Se sintió culpable porque por primera vez experimentaba las mismas sensaciones que su colega. Como si en esa extraña dimensión los sentimientos pudieran viajar por el aire y transmitirse de un ser a otro.

Experimentó lo que en la Tierra llamamos «empatía», la capacidad humana de ponerse en contacto sin mediación con otro ser y de sentir lo que siente, cuya base fisiológica parece residir en la zona F5 de la corteza prefrontal y en el lóbulo parietal, en las llamadas «neuronas espejo», descubiertas en la década de 1990. Al parecer, estas neuronas juegan un papel fundamental como mediadoras para comprender el comportamiento de los demás. Por lo que parecía, escuchando las descripciones de sus compañeros, no era un don que hubiera caracterizado la existencia de Tom.

De repente se sintió triste, humillado, ignorado y al mismo tiempo juzgado. Era como si las emociones de sus compañeros ahora fueran suyas y la idea de causar tanto sufrimiento lo golpeó directamente en el corazón. Volvió a sentir ese dolor en medio del pecho que había experimentado unos momentos antes cuando aún corría por el parque. Solo que esta vez el dolor en lugar de ser agudo y puntual se había vuelto sordo y prolongado; era como si fuera invadiendo poco a poco todo su cuerpo. Le hubiera gustado retroceder en el tiempo y cambiar por completo su comportamiento, causante de tanta tristeza, pero siguió siendo absorbido hacia aquella luz intensa al fondo de la columnata y continuó caminando, impulsado por una fuerza decididamente sobrenatural.

De detrás de otra columna apareció una joven morena de pelo corto. Era su secretaria quien, sonriendo, se dirigió hacia él.

—Hola, licenciado —dijo. Siempre utilizaba ese título cuando se dirigía a él en la oficina y él, a lo largo de los años, nunca la había animado a dejar de hacerlo. Siempre había querido mantener esa actitud de distanciamiento que confirmaba su superioridad jerárquica y su poder.

—Buenos días, señorita —respondió él, asombrado de encontrarla también en aquel extraño lugar.

—Estoy aquí para recordarle que he sufrido mucho por su culpa. Cuando pasa por delante de mi escritorio ordenándome hacer esto o aquello, ni siquiera me mira. Su comportamiento hacia mí siempre me ha hecho sentir incómoda. Me ha hecho sentir como un ser inferior y siempre me ha tratado con descuido. No hay nada que pueda hacer para evitarlo. He llegado incluso a comprarle varias veces flores frescas para su escritorio, esperando un comentario amable de su parte, pero usted nada, solo órdenes y reproches. Enmascarada detrás de la falta de tiempo y de las muchas cosas por hacer, creo que siempre ha habido una verdadera indiferencia por su parte.

—Lo siento mucho —respondió Tom, y experimentó una vez más esa sensación en su piel. Se sintió como un mendigo al que se le niega incluso una mirada. Las lágrimas comenzaron a correr por sus mejillas. Estaba desesperado y se sentía culpable. ¿Cómo no se había dado cuenta antes de todo aquello?

Ahora estaba a las puertas de la luz. Miró hacia atrás y vio que la columnata había desaparecido, al igual que sus compañeros de trabajo.

De repente se encontró en una cama de hospital, cerca de un gran ventanal y un sillón azul. A su lado dos médicos (un hombre y una mujer), una enfermera, un monitor que emitía rítmicamente el mismo sonido, un ventilador mecánico que le ayudaba a respirar, una gran bomba que aspiraba sus secreciones bronquiales y goteros conectados a ambos brazos. No sentía dolor pero estaba muy mareado. Por un lado estaba seguro de que todavía estaba vivo y del hecho de que probablemente había sido una pesadilla; por el otro, se sentía triste porque la sensación de bienestar y paz que había experimentado había desaparecido.

Se dio cuenta de que mientras él se dedicaba a esa curiosa aventura, su corazón se había detenido por unos minutos. Lo había rescatado una ambulancia llamada por un transeúnte en el parque y que llegó en poco tiempo. Lo que le parecieron minutos habían sido en realidad cinco días durante los cuales había estado sedado e inconsciente. Fueron los médicos quienes detuvieron la sedación y provocaron que despertara, después de haberse asegurado con pruebas diagnósticas de que no había sufrido daño cerebral aparente. Su esposa, que no había podido hacer nada para ayudarlo al saber lo que había sucedido, y que llegó cuando él ya estaba en cuidados intensivos y aguardaba en la puerta de la habitación del hospital, corrió hacia la cama tan pronto como se dio cuenta de que había abierto los ojos. Ahora, sin embargo, la mirada de ella era diferente a la habitual. Era esa misma mirada que mostró cuando eran jóvenes y acababan de conocerse. Una mirada que inmediatamente reconfortó el corazón de Tom.

Cuando me contó su historia habían pasado ya algunos años desde el suceso y por curiosidad le pregunté si esa experiencia le había cambiado en algo.

—Me ha cambiado mucho —respondió—. Lo primero que hice cuando regresé a la oficina fue disculparme ante mis compañeros y mi secretaria. Nuestra relación ha cambiado por completo. Lo que viví me enseñó a conocer su punto de vista y los sentimientos que tuve en ese corredor de nubes allá arriba se quedaron conmigo. Ahora sé cómo se sienten las personas que tengo delante y hago todo lo posible para que se sientan a gusto. También organizamos a menudo cenas con compañeros donde todo el mundo está invitado y nos divertimos como niños en el colegio.

»Ya no considero mi trabajo una pesadilla, sino una oportunidad para socializar y tratar de sentirme bien. También hago lo mismo con los clientes de la empresa a quienes visito, y trato de establecer con ellos una relación lo más personal posible dentro de los límites de la profesionalidad. Todo es mucho más sencillo e incluso los ataques de ansiedad que tenía antes prácticamente han desaparecido. Diría que esta experiencia ha sido buena para mi corazón, en todos los sentidos.

—¿Y con tu familia? —le pregunté.

—Parece como si mi esposa y yo hubiéramos retrocedido en el tiempo. Ambos nos dimos cuenta de que éramos demasiado exigentes el uno con el otro y que habíamos olvidado por completo quiénes éramos realmente. Cada uno, absorbido por su propio mundo y por la vida cotidiana, considerábamos al otro como un estorbo, sentíamos el peso del otro cuando en realidad somos miembros del mismo equipo y ambos deseamos la felicidad. Durante unos días, ella pensó que me había perdido, y eso la hizo reconsiderar por completo nuestra relación. Ni que decir tiene que allí arriba sentí que lo único que me faltaba era ella.

—¿Y con vuestro hijo?

—Siempre hemos tenido una buena relación y yo siempre lo he protegido y apoyado, pero también con él las cosas han cambiado, porque antes yo quería que se pareciera a mí, que le gustaran las mismas cosas que me gustaban a mí, que quisiera ir por el mismo camino que yo. Ahora no es así: lo amo y lo respeto por lo que es, independientemente de lo que haga y los resultados que obtenga.

»Me di cuenta de que algún día moriré y que tengo que aprovechar al máximo el tiempo que me queda para consolidar mis relaciones personales. Porque eso es lo único que nos llevamos con nosotros cuando subimos allí. La carrera, el coche, los bienes materiales y el orgullo son solo pasajeros, lo que queda es el amor que hemos sabido cultivar.

Aquel terrible incidente mejoró la vida de Tom, pero sobre todo le concedió un gran don: la empatía.

Lisa

Era una noche de diciembre de hace algunos años y, al otro lado de la ventana del dormitorio de una casa de campo en un pequeño pueblo europeo, la nieve caía en grandes copos sobre los árboles y el césped del jardín. Dentro, Lisa, una chica de veintiún años, contemplaba la escena a través del vaho y los restos de nieve que se deslizaban por el cristal. De rasgos delicados y cabello castaño muy corto, su físico era atlético y proporcionado a su estatura de casi un metro ochenta gracias a la actividad deportiva que realizaba con diligencia. Era hija única y vivía con sus padres. En el segundo año de universidad, como buena estudiante, se había presentado a todos los exámenes que requería su carrera y al cabo de unos días tendría que enfrentarse a otro, el último antes de las vacaciones de Navidad. El día casi había terminado y estaba pensando y planeando los compromisos del día siguiente cuando un repentino dolor agudo le desgarró la espalda.

—Mamá, ven, por favor —gritó.

—¿Qué te pasa, cariño? —preguntó la madre mientras subía las escaleras a toda prisa para llegar a la habitación de la chica.

—Me duele mucho la espalda —respondió Lisa a la mujer, que ya estaba en la puerta.

—¿En qué zona?

—En la parte de abajo pero se irradia por toda la espalda. Es muy fuerte.

—No te preocupes, será un dolor muscular; habrás hecho algún mal movimiento mientras entrenabas esta tarde. Bajaré a buscarte un analgésico y ya verás como por la mañana se te habrá pasado.

—Gracias, mami —dijo ella, más tranquila.

El sueño, sin embargo, no fue tan pacífico como su madre había supuesto. Lisa se había despertado varias veces con un dolor que no parecía remitir en ninguna posición. En varias ocasiones estuvo a punto de despertar a sus padres para pedirles que la acompañaran a urgencias, pero pensó que probablemente solo debía esperar porque, como había dicho su madre, todo terminaría pronto.

A las seis de la mañana su padre, el primero en levantarse y preparar café, la encontró en la sala recostada de lado en el sofá. No era nada normal que su hija estuviera allí a esa hora y menos que de su boca salieran gemidos de dolor.

—Lisa, ¿sigues enferma?

—Sí, papá.

—Mi pequeña, deberíamos ir al médico.

Ella no respondió pero su padre, alarmado por la situación, corrió escaleras arriba para despertar a su esposa, olvidándose incluso del café que le llevaba a la cama todas las mañanas desde hacía más de veinte años.

—Despierta, amor. Lisa sigue como anoche. Hay que llevarla al hospital.

La mujer saltó de la cama y bajó corriendo las escaleras, todavía en camisón.

—Lisa, ¿no se te ha pasado el dolor? —le preguntó a su hija, sentándose a su lado en el sofá.

—No, mamá. Me ha dolido la espalda toda la noche.

La madre subió apresuradamente las escaleras y fue a vestirse para salir de inmediato mientras el padre tomaba a su hija en brazos para ayudarla a caminar y la acompañaba fuera de la casa hacia el garaje. La colocó en el asiento trasero de la camioneta color amaranto y arrancó el motor, metió la marcha atrás y estacionó el auto frente a la puerta de la casa para esperar a que su esposa saliera. Cuando llegó, se fueron a urgencias, no lejos de su casa.

Al llegar frente al hospital, Lisa y su madre se bajaron del vehículo, atravesaron las grandes puertas automáticas que separaban la calle de la abarrotada recepción e hicieron fila para ser atendidas; mientras tanto, su padre intentaba aparcar cerca.

Después de más de veinte minutos, finalmente llegó su turno.

—Buenos días, ¿qué sucede? —preguntó la enfermera desde el otro lado del cristal.

—Mi hija tiene un dolor de espalda muy fuerte desde anoche. Le hemos dado unos analgésicos pero el dolor no se le va y ya no sabemos qué hacer.

—Está bien, señora. Pueden esperar aquí en la sala y la llamarán tan pronto como sea su turno —dijo la enfermera, ajena al hecho de que Lisa parecía tener tanto dolor que no podía mantenerse de pie y que todas las sillas de la sala de espera estaban ocupadas. Probablemente estaba acostumbrada al hacinamiento de las instalaciones y para ella esa situación era normal. Afortunadamente, un señor de unos sesenta años que estaba allí con su esposa se levantó y le cedió amablemente el asiento a la chica. A los pocos minutos llegó su padre. Había pasado más de una hora cuando un enfermero asomó por la puerta de metacrilato al otro lado de la enorme sala.

—¡Lisa! ¡Lisa! ¿Quién es Lisa? —exclamó.

—Aquí —respondió la madre de la chica en voz alta para que pudiera oírla. Y los tres se dirigieron directamente hacia él.

—Solo puede pasar ella. Tendrán que esperar aquí —dijo el hombre de manera seca y concisa, y tomó a la chica del brazo y la condujo a través de la gran puerta transparente. Recorrieron el largo pasillo y llegaron a una diminuta sala que parecía una clínica ambulatoria.

—Espera aquí. Ahora viene el médico —le dijo. Y Lisa se sentó allí, encogida, tratando de soportar el dolor, que no tenía pinta de mejorar.

Momentos después llegó el médico, un hombre de unos cincuenta años, de ojos claros, alto y de cabello entrecano y pulcramente recortado. Debajo de la bata se veía el cuello abotonado de una camisa azul y unos pantalones bien planchados. La etiqueta que tenía en el pecho mostraba su nombre y apellido.

—Buenos días, cuéntamelo todo. ¿Qué te pasa? —le preguntó.

—Me duele mucho la espalda desde anoche. Me he tomado unas pastillas pero el dolor no se me va. Apenas puedo caminar.

—¿Dónde te duele?

—En toda la parte de atrás pero en la parte de abajo es más fuerte.

—Está bien. Levántate el suéter, por favor —le pidió el doctor, y la tocó y auscultó en varios lugares—. Ahora acuéstate —agregó, y comenzó a mover sus piernas y brazos en diferentes posiciones.

—Te voy a enviar a radiología para que te hagan algunas pruebas. Nos vemos aquí más tarde —concluyó finalmente y salió de la habitación.

Después de unos minutos llegó una enfermera y acompañó a Lisa a la sala de la planta baja donde le hicieron una ecografía del abdomen completo, una radiografía y una tomografía computarizada.

Tras una prueba y otra pasó un buen rato y ya era la hora del almuerzo cuando Lisa fue llevada de regreso a la misma habitación de la sala de urgencias en la que había estado por la mañana. Después de otros veinte minutos de espera, se le unió el médico que la había examinado.

—Aquí estamos, señorita. ¿Cómo estás? —le preguntó.

—Mucho mejor —dijo la chica, a la que le habían suministrado un potente analgésico intravenoso.

—Desafortunadamente, no tengo muy buenas noticias. Hemos encontrado una masa bastante grande en tu útero. No puedo ser más específico sobre su naturaleza, pero te he concertado una visita con un oncólogo en este hospital para la próxima semana. Te anticipo que tendremos que hacerte una biopsia y probablemente intervenir rápidamente. Mientras tanto, te he recetado un medicamento lo suficientemente fuerte como para limitar el dolor.

Aquellas palabras sonaron como una granada en la cabeza de Lisa. Se sentía como si estuviera en una película, viendo una escena que le estaba pasando a otra persona. Al protagonista de esa mala película. Sin embargo, el médico estaba hablando con ella, con una chica de veintiún años, y le acababa de diagnosticar cáncer.

—Está... Está bien —encontró las fuerzas para tartamudear y las lágrimas comenzaron a rodar por sus mejillas.

—Ahora no te preocupes. Sé que estás asustada, pero eso no significa necesariamente que sea grave. Primero debemos investigar y saber de qué se trata —trató de tranquilizarla el hombre de la bata blanca, que entretanto había llamado a la enfermera que la llevaría de vuelta con sus padres.

Mientras recorría el pasillo que conducía a la sala de espera, Lisa trató de recomponerse y asumir una actitud más serena. Quería mostrarse fuerte para no alarmar demasiado a su padre y a su madre, pero tenía mucho miedo. Les explicó lo que le había dicho el médico y se fueron a casa en silencio, cada uno acompañado de sus propios pensamientos.

Pasaron los días y la vida de la chica volvió a un ambiente de casi normalidad: gracias a los analgésicos hizo el examen con éxito e incluso logró asistir a su entrenamiento deportivo. Una mañana de la semana siguiente, Lisa volvió al hospital, en la segunda planta de las instalaciones que albergaban las consultas externas del hospital de día. Esta vez solo tuvo que esperar unos minutos antes de que el especialista la llamara a consulta.

—Buenos días. ¿Cómo estás? ¿Cómo te sientes? —le preguntó el médico. Era un hombre de unos sesenta años, no demasiado alto y bastante regordete, con grandes ojos azules, cara redonda, sienes blancas y una calva incipiente.

—Mucho mejor, doctor. No ha vuelto a dolerme.

—Perfecto. Desafortunadamente, sin embargo, tengo tus pruebas aquí en el ordenador y te confirmo que es una neoplasia uterina diseminada. Un tumor maligno. Tendremos que intervenir quirúrgicamente para realizar una biopsia y finalmente extirpar la masa.

—Está bien —respondió Lisa, no muy convencida—. ¿Cuándo será la operación?

—Lo antes posible. La he incluido entre las intervenciones más urgentes; creo que en un par de semanas como máximo te llamarán. Mientras tanto, continúa con el analgésico.

Se despidieron y la chica volvió a casa bastante angustiada. Aunque la esperaba, esa noticia y el hecho de que tendrían que operarla le preocupaba bastante. En los días previos a la operación, no obstante, siguió comportándose con normalidad para no agravar el ánimo de sus padres. Había visto a su madre llorar a escondidas en más de una ocasión y le había dado la impresión de que estaba aún más alterada de lo que parecía. La semana siguiente llamaron a Lisa para una intervención quirúrgica que se llevaría a cabo cuarenta y ocho horas después. Sus padres la acompañaron como de costumbre y se quedaron con ella para estar a su lado tras la operación. La misma tarde, después de despertarse de la anestesia, el ginecólogo que la había visitado antes de la intervención se unió a ella.

—¿Cómo vamos? —le preguntó frente a la cama metálica.

—Me duele un poco, pero todo está bien —respondió ella, viendo de reojo la expresión de dolor de sus padres, que estaban en la habitación, aunque más lejos.

—Quería informarte de que hemos tomado la muestra de tejido para la biopsia y la hemos enviado para su análisis. Tendremos los resultados en unos días. Sin embargo, no ha sido posible retirar la masa porque está adherida a los órganos circundantes. Si estás de acuerdo, me gustaría que empezáramos el tratamiento hormonal y la quimioterapia ligera, de todos modos.

—De acuerdo —respondió la chica algo sorprendida, ya que no esperaba en absoluto tal resultado de la operación.

Fue dada de alta a la mañana siguiente y ese mismo día comenzó tanto la terapia hormonal oral como las inyecciones del fármaco de la quimioterapia. Aunque Lisa era una chica fuerte y de voluntad férrea, el tratamiento le provocó algunos efectos secundarios bastante incapacitantes, aunque no graves. En primer lugar, un dolor de cabeza muy fuerte que a veces duraba muchas horas y que le impedía tanto estudiar como realizar cualquier actividad y la obligaba a guardar cama durante días enteros. Además, a los cinco meses se le retiró el ciclo menstrual, bloqueado por la terapia hormonal. A pesar de todo, trató de reaccionar, siguió yendo a la universidad y cumpliendo con los exámenes que eran importantes para ella y reemplazó los entrenamientos por natación para no perder el tono muscular. De repente, sin embargo, una mañana, mientras estaba en el baño, notó un sangrado importante que de ninguna manera era comparable a un ciclo menstrual. Aunque alarmada, decidió esperar unos días antes de llamar al médico. Desafortunadamente, el sangrado volvió varias veces y al final se vio obligada a avisar a sus padres.

—Hay que ir a urgencias de inmediato —advirtió su padre, visiblemente preocupado.

—No hace falta, papá. Esta tarde llamaré al médico a ver qué dice.

—Cariño, has dicho que no es la primera vez que te pasa. Hay que ir a urgencias, máxime teniendo en cuenta que estás en terapia hormonal —intervino su madre.

—Está bien. Pero también me gustaría tener otra opinión. Esta terapia me está dando un montón de problemas, ¿y a vosotros os parece que estoy mejor? —espetó Lisa con sarcasmo.

—De acuerdo. Ahora llamó al policlínico de la ciudad a ver si nos dan una cita urgente —respondió la madre, y de inmediato tomó su teléfono móvil.

Al día siguiente los tres estaban en el coche, pero esta vez en la autopista rumbo a la gran ciudad que estaba a unas dos horas de donde vivían. Gracias a algunas llamadas telefónicas, su madre pudo concertar un estudio oncológico con el médico jefe de un importante hospital. Llegaron a última hora de la mañana al aparcamiento de la gran estructura, organizada por departamentos clasificados por letras y números. Se bajaron del coche y el padre de Lisa tomó una foto para recordar el lugar del estacionamiento donde lo habían dejado. Por lo general era la chica la que siempre lo recordaba cuando salían juntos, pero esta vez su padre pensó que su cabeza estaba demasiado ocupada en otros pensamientos y no quería aumentar esa carga ni con una minucia como aquella. Caminaron unos minutos antes de llegar al lugar que albergaba el enorme edificio de cinco plantas y entraron en el gran salón completamente blanco y acristalado. Los tres quedaron impactados por la magnificencia de la estructura, que se asemejaba a un gran hotel moderno, y miraron hacia el techo transparente que cubría las galerías de las distintas plantas que recorrían todo el edificio. Luego se dirigieron, guiados por los muchos letreros, a uno de los ascensores que los conducía a la primera planta, donde se encontraban las consultas. Al salir de las puertas correderas de acero, se detuvieron unos segundos para mirar hacia abajo desde la barandilla de vidrio, que les permitía observar todo lo que sucedía en la planta baja; luego continuaron a su derecha hasta una pequeña recepción donde a la chica le asignaron un papel con un número. Unos diez minutos después, apareció el 0491 en el gran monitor de la sala de espera, seguido de un 7, que correspondía a la sala de examen.

—Hola, ¿cómo estás? —Fueron recibidos por un médico joven, delgado, moreno, no demasiado alto, de tez olivácea y cabello corto y rizado, que los invitó a sentarse. Como solo había dos sillas, el padre de Lisa permaneció de pie en un rincón de la habitación.

—Doctor, antes que nada, de verdad muchas gracias por habernos recibido tan pronto —dijo la madre de Lisa—. Mi hija fue operada hace cinco meses pero lamentablemente tememos que algo ande mal. Está en terapia hormonal y ha recibido quimioterapia intramuscular ligera. Desde hace unos días, sin embargo, ha estado perdiendo mucha sangre.

—Déjeme ver el historial, por favor —le pidió el médico a la señora, que sostenía una carpeta llena de informes y radiografías.

—Aquí está todo —respondió la mujer, y añadió—: Creo que algunas de las pruebas e informes también están en su registro médico digital.

—Sí, gracias, señora. He revisado el expediente de su hija antes de la cita.

Lisa, entre el dolor que sentía en la espalda y en la parte baja del abdomen y toda esa información que corría por su cabeza como dardos en llamas, estaba completamente entumecida y de nuevo se sintió como si viera la escena de una película. Se preguntó si todo aquello le estaba pasando a ella de verdad.

—Tenemos que volver a intervenir porque es absolutamente necesario quitar la masa —dijo el médico después de un par de minutos—, y debemos hacerlo lo antes posible. Si estás de acuerdo, introduciré tus datos en el sistema para que puedas entrar en la lista de espera, que será muy corta. Me gustaría operarte esta misma semana —agregó mirando a la chica a los ojos.

Lisa asintió con la misma expresión que habría tenido un prisionero secuestrado. Se despidieron del doctor; luego ella y sus padres salieron del hospital y se dirigieron a casa, los tres en silencio. El único ruido de fondo, además del de las ruedas al girar sobre el asfalto de la carretera, era el de la emisora de radio.

Pasaron varios días y finalmente llegó la llamada: Lisa debía presentarse en el hospital de la ciudad dos días después a las siete y cuarenta y cinco de la mañana con el estómago vacío. Cuarenta y ocho horas después, los tres llegaron de nuevo al gran edificio, pero esta vez se dirigieron a la segunda planta, donde la chica sería hospitalizada, y le dijeron que esperase sentada en una de las dos camas de una habitación del departamento de cirugía. Pasaron las horas y nadie vino a prepararla para la intervención. Lisa esperó pacientemente sin comer ni beber hasta las cuatro de la tarde, cuando un médico entró en la habitación con mirada avergonzada.

—Desafortunadamente, no podremos operarla hoy. Algunas intervenciones antes de la suya nos han dado complicaciones y nos hemos visto obligados a posponerla. Lo siento mucho. La operaremos a la misma hora pasado mañana. Si quiere, puede comer algo ahora, se lo diré a las enfermeras.

Después de que Lisa hubiera devorado una tostada, atónita e incluso bastante enfadada, los tres volvieron a casa. La chica seguía sintiéndose mal, las pérdidas no habían cesado y tampoco los dolores. No podía creer que la hubieran sometido también a aquel calvario. Ya había sido operada una vez, se había hecho el tratamiento aunque con efectos secundarios desagradables y estaba de nuevo en el punto de partida. Se sentía como si estuviera jugando al Monopoly, cuando era niña, cuando sacaba la carta de regreso a la salida. Su gran fuerza interior empezaba a abandonarla.

Dos días después, por la mañana, esperaba en la misma cama para que la prepararan para la operación, pero esta vez las enfermeras llegaron alrededor de las once. Aunque su situación no era nada sencilla porque el tumor presentaba adherencias a órganos adyacentes y el cirujano había pedido sangre para transfusiones debido a que los valores de hemoglobina de la chica habían bajado a siete, estaba muy tranquila. Tanto es así que ella misma tranquilizó a sus padres antes de que sacaran la cama con ruedas de la habitación y la llevaran a la primera planta subterránea, donde se encontraban los quirófanos. Antes de entrar a la sala, se le acercó una joven anestesista de cabellos rubios, parcialmente ocultos por un gorro verde anudado detrás de la cabeza.

—¿Estás lista? —dijo con una gran sonrisa tras bajarse la mascarilla quirúrgica.

—Bueno... —respondió ella un poco intimidada.

—Ahora te pondré esta mascarilla y tendrás que respirar normalmente; contaré de diez a uno y te relajarás. ¿De acuerdo?

Después de que le pusieran en el rostro la mascarilla de plástico conectada a un tubo flexible, comenzó a contar

—Diez..., nueve..., och...

Y Lisa se sumió en la oscuridad.

Después de lo que le había parecido solo un momento, la chica volvió a abrir los ojos. Ahora estaba en la sala de cirugía, pero no en la mesa de operaciones, sino a un lado, a dos metros de distancia. Miró hacia abajo y se fijó en que sus pies no estaban, luego levantó la mirada y la dirigió directamente hacia el frente. Se vio a sí misma acostada y rodeada por cinco sanitarios cuyas espaldas podía ver: la anestesista, el cirujano a cargo de la operación, un segundo cirujano y dos enfermeras. Se sentía muy bien tanto física como mentalmente, ya no sentía ningún dolor y estaba relajada y extremadamente serena. Una sensación de ligereza le produjo un bienestar y una paz nunca antes experimentados. Después de unos segundos decidió salir de la habitación: algo la empujaba a salir de allí, sentía la necesidad, casi un deseo incontenible. Se dio cuenta de que no tenía que usar la puerta para hacerlo, sino que literalmente atravesaba la pared. Inmediatamente fuera, en el corredor pintado de verde con grandes tubos de neón en el techo, se le unió una entidad que le dio mayor tranquilidad, tanto que la chica tuvo la sensación de que se trataba de una criatura angelical. Intentó observarla detenidamente, pero no pudo percibir ninguna forma humana, más bien se parecía a una masa gris oscura. Sin embargo, Lisa supo de inmediato que no estaba compuesta de simple aire porque la entidad comenzó a comunicarse con ella de manera telepática. Ese color no se correspondía en absoluto con la idea que la chica se había hecho de un ángel, pero el hecho de que estuviera allí para guiarla la tranquilizaba mucho. Se sintió acogida y custodiada por aquella entidad inmaterial como una niña en brazos de una madre, sintió que sabía exactamente quién era ella, que la aceptaba y amaba incondicionalmente. La soltó y giraron alrededor de un enorme túnel hecho de una luz blanca y cálida de unos tres metros de diámetro que le infundió más paz. Lisa se inclinó hacia delante y asomó la cabeza al comienzo del túnel. Ese solo gesto le hizo darse cuenta de que lo que fuera que estuviera en el otro lado sería hermoso. No podía ver nada pero el mensaje que le llegó telepáticamente fue que podía confiar, que todo saldría bien y que más allá de la luz le esperaba un lugar maravilloso.

—¿Te gustaría entrar? —le preguntó la entidad que flotaba a su lado a las puertas del túnel.

—Tengo que volver con mis padres —respondió Lisa de manera instintiva, sin pensar, y a pesar de sentir un estado de inmensa felicidad. Estaba demasiado preocupada por el dolor que sabía que sentirían su padre y su madre.

Esas pocas palabras fueron suficientes y el enorme círculo de luz se apagó de repente, desapareciendo por completo. No estaba asustada ni alarmada, pero decidió continuar dando vueltas dentro del gran edificio. Subió una planta atravesando el techo y desde arriba observó el pasillo hexagonal con paredes cubiertas de falsos espejos que comunicaba con los diferentes quirófanos. Luego llegó a la planta baja y quedó muy impresionada de que las personas que acudían a su encuentro pudieran atravesarla como si su cuerpo fuera invisible e inmaterial.

—Pero ¿por qué no me ven? Significa que ya no estoy aquí. ¡Debo de estar muerta! —fueron los pensamientos que de repente pasaron por su cabeza después de que varias personas la hubieran atravesado. Esa revelación, sin embargo, no le preocupó mucho, y siguió caminando suspendida en el aire. Caminó hacia la entrada de la capilla del hospital, como si supiera que sus padres estarían dentro. Entró por la puerta principal y los vio en uno de los bancos a su izquierda. Voló hasta el pequeño corredor entre la pared y la fila de bancos de madera y se unió a su padre, que vestía una camisa oscura y pantalones de franela gris.

—La operación va bien. Ya me están poniendo los puntos —transmitió pensativa. El hombre estaba de pie con la cabeza hundida entre los brazos cruzados y parecía no haber notado nada.

—¡Lisa, tienes que volver! ¡Lisa, tienes que volver! ¡Lisa, tienes que volver porque te están suturando! —ordenó repentinamente la entidad, que seguía junto a ella.

Luego la acompañó hasta el quirófano y antes de que ella regresara a su cuerpo se despidió con un adiós que literalmente la hizo sentir como si una mano le hubiera acariciado el corazón desde dentro. A estas alturas sabía muy bien que nunca más tendría que temer a la muerte, que solo significaba un regreso a la Fuente y que era un hermoso viaje hacia un maravilloso destino. Esa experiencia había confirmado que había algo superior, una realidad más allá de la vida. Sabía que debía disfrutar el tiempo que le quedaba en la Tierra sin molestarse en hacer tantas cosas como fuera posible y que no había necesidad de demostrarle nada a nadie. Simplemente era cuestión de vivir de la mejor manera, sin miedo y sin remordimientos, ya que lo que le esperaba no la asustaba para nada. Ninguna experiencia terrenal podía igualar los sentimientos de dicha que acababa de experimentar. Era humanamente imposible describirlo con palabras.

Las descripciones de la chica sobre el quirófano y el personal sanitario presente, así como sobre el pasillo hexagonal y la capilla que nunca antes había visto despierta, eran precisas y posteriormente fueron confirmadas por el cirujano que la había operado. Aunque su corazón, monitorizado por el equipo, nunca dejó de latir durante la intervención, es posible que el cerebro de Lisa experimentara un estado similar al coma. Al fin y al cabo la anestesia cerebral no es algo muy diferente; la diferencia fundamental entre ambas es que la anestesia general es un coma controlado por el especialista y del que el paciente puede recuperarse de forma rápida y segura.

Si comparamos las señales físicas del cuerpo y las tendencias electroencefalográficas de la anestesia con las del sueño, se puede entender que entre estos dos estados existen diferencias significativas y que solo las fases de sueño más profundo tienen alguna similitud con los estados de anestesia general más ligeros. Mientras que el sueño natural muestra un patrón cíclico y una alternancia de estados, la anestesia consiste en mantener al paciente en la fase más apropiada para el tipo de intervención, generalmente la más parecida a un estado de coma. Todavía no se comprende cómo se comporta realmente el cerebro durante la anestesia, ya que actualmente no existen marcadores fiables en el seguimiento del EEG de los niveles de conciencia durante las fases de la anestesia general. Entonces, podemos decir que es completamente similar a un coma. Y la diferencia esencial entre un coma y la muerte es solo que en el último caso ya no hay forma de restaurar la función cerebral.

Unas horas después, Lisa estaba de vuelta en la cama de su habitación del hospital. Abrió los ojos y vio que a sus pies estaban su padre y su madre, quienes, en cuanto se dieron cuenta de que había recobrado el conocimiento, se levantaron y se unieron a ella, uno a cada lado.

—Amor, ¿sabes que antes, mientras estaba en la capilla para rezar, te vi? Me dijiste que todo iba bien —le dijo su padre antes de que ella pudiera pronunciar una palabra.

Isabel

Es probable que lo que existe después de la muerte siga siendo un misterio, al menos hasta que la investigación científica comprenda la verdadera naturaleza de la conciencia humana. Existe un debate abierto sobre esto último también desde el punto de vista académico, ya que la investigación neurocientífica aún no ha sido capaz de ofrecer resultados que puedan explicar por completo ni la localización de la conciencia a nivel cerebral ni su funcionamiento. Sin embargo, si consideramos los avances que los equipos de neuroimagen han experimentado en unas pocas décadas, quizá algún día descubramos que la conciencia se extiende mucho más allá de la increíble máquina biológica que es el cerebro. Obviamente, el propósito de este libro no es dar fe de la existencia de una vida después de la muerte o cambiar las creencias y opiniones del lector. Por lo tanto, creo que es útil dar un punto de vista lo más desapegado posible sobre el tema, limitándome a contar historias de personas que al menos han tocado de cerca lo que comúnmente se define como el «más allá».

En 2014, un estudio científico realizado por la Facultad de Medicina de la Universidad de Stony Brook, en el estado de Nueva York, con más de dos mil personas ingresadas en la unidad de cuidados intensivos tras sufrir episodios de paro cardíaco, investigó qué sucede con el cerebro en los minutos posteriores a la muerte clínica. Los resultados fueron sorprendentes, cuando menos, ya que muchos de los pacientes recordaron lo que dijeron los médicos o tuvieron otras experiencias de conciencia después de que su corazón dejara de latir. Algunos de ellos afirmaron que se percibían a sí mismos externamente a sus cuerpos e incluso escucharon a los médicos declarar la hora de su muerte. Otros contaron que viajaron a velocidad supersónica a otra dimensión o tuvieron la oportunidad de revivir y evaluar objetivamente los puntos más destacados de su existencia. Muchos de ellos describieron cómo en esos momentos se sintieron acompañados por seres o entes compasivos y benévolos que los guiaron y ayudaron durante su extraño viaje. Por lo tanto, a todos los efectos podemos hablar de experiencias cercanas a la muerte, ya que en el campo de la medicina, el momento de la muerte generalmente se establece cuando el corazón se detiene, y cuando esto sucede, nuestras funciones cerebrales también cesan casi instantáneamente. Sin embargo, el estudio especuló que aunque la corteza cerebral, la «parte pensante» del cerebro, se ralentiza y se *aplana*, las células cerebrales pueden permanecer activas incluso horas después de que el corazón se haya detenido.

El tema de los límites de la conciencia humana y la supervivencia de esta última a la muerte clínica siempre me ha intrigado. Me llama especialmente la atención el hecho de que el momento de la transición sea descrito de manera muy similar tanto por quienes han tenido una ECM como por quienes han vivido una regresión y experimentado el cambio de estado al final de la vida. Los miles de personas a las que he guiado en hipnosis y todas las que he entrevistado para contarme su experiencia clínica cercana a la muerte coinciden en que más allá de la vida nos espera algo maravilloso. Un estado de inmensa paz y dicha durante el cual comprendemos verdaderamente el amor que nos une a todos sin distinción y del cual estamos compuestos. Otro aspecto interesante es que todas estas personas recuerdan cómo en ese momento deseaban la felicidad de sus seres queridos que quedaban con vida y cómo la desesperación de estos últimos no tenía sentido. Al estar en un lugar mejor, todos preferirían que su familia o amigos en la Tierra celebraran su fallecimiento. Es una perspectiva un tanto incomprensible para nosotros los seres terrenales, pero sin duda descriptiva de su estado de ánimo.

Más que un experto en estos temas, personalmente me considero un espectador o un reportero. En todos estos años he sido testigo de muchos fenómenos y recuerdos de vidas pasadas en los que las personas en hipnosis recuerdan detalles históricos que nunca podrían haber conocido, y esto me hace pensar que existe un campo de información a nuestro alrededor, como el del inconsciente colectivo teorizado por Jung. Pero ¿cómo estar seguro de que esas existencias devueltas a la memoria pertenecen precisamente al sujeto mismo y no son percepciones más parecidas a esa información colectiva? Por otro lado, están las confirmaciones que he experimentado de primera mano y que he escuchado de quienes han vivido una experiencia cercana a la muerte. ¿Es posible que todos cuenten una experiencia similar? Quizá la ciencia tenga razón y puede que una vez que el corazón deja de latir, durante unas horas sigue llegando al cerebro un ligero torrente de sangre que le permite inventar una historia para que el momento del fin sea para nosotros más dulce y tolerable. La base científica de esta hipótesis es plausible: en caso de parada cardíaca, la cantidad de oxígeno que llega al cerebro durante los siguientes minutos es muy pequeña, y esto podría provocar un efecto disruptivo en lo que se denomina «red neuronal por defecto» (DMN por sus siglas en inglés), una línea base de actividad neuronal que incluye estructuras frontales y subcorticales, una agrupación de áreas cerebrales responsables, entre otras cosas, del concepto de autoconciencia. Una reducción en la comunicación entre estas áreas podría provocar un cambio radical en la autopercepción, lo que explicaría las percepciones místicas o universales de las que informan los sujetos tras una experiencia cercana a la muerte. Encuentro esta explicación al menos interesante ya que mis estudios sobre la hipnosis confirman que las áreas del cerebro de la red neuronal por defecto son las mismas que se cuestionan durante el estado de trance. Esto confirmaría los paralelismos que he podido encontrar en las percepciones místicas de aquellos que experimentan la muerte en regresión al final de una existencia pasada y aquellos que en cambio han experimentado una ECM.

Pero ¿cómo considerar los mensajes recibidos de nuestros seres queridos desde el más allá, a veces inequívocos, fuera de toda duda? Estos, como objetivamente comprobables, no pueden clasificarse como una alucinación perceptiva. Yo mismo los he recibido varias veces, y realmente no creo que sean coincidencias sino sincronicidades, como Jung decía siempre. Todas estas preguntas, en lugar de disipar mis dudas, me dejan con más confusión que hace muchos años, cuando mi camino de crecimiento personal y espiritual apenas comenzaba. Algo dentro de mí me recuerda que lo que he presenciado y las muchas declaraciones que he reunido muestran que algo debe de haber ahí después de la muerte. Una energía superior y universal donde todos los seres están conectados por una sola fuerza, la del amor. Un concepto de divinidad común a todos. Por desgracia, mi mente escéptica, a pesar de los cientos de confirmaciones, sigue luchando y oponiéndose, por lo que sé que estoy condenado a continuar en esta búsqueda imposible de un conocimiento que probablemente va mucho más allá de lo comprensible por el propio conocimiento humano. Por eso creo que los testimonios de personas que han vivido una ECM deben de tener algún significado y siento la necesidad de compartir contigo la mayor información posible sobre este tema tan importante.

Lamentablemente, este tipo de experiencias, sin embargo, tienen un carácter subjetivo y para la ciencia siguen siendo difíciles de clasificar, por lo que aún se las cataloga como fenómenos paranormales. En 1983 el psiquiatra estadounidense Bruce Greyson desarrolló una escala para medir la intensidad y profundidad de una experiencia cercana a la muerte con el fin de permitir un estudio lo más homogéneo posible. La escala de Greyson, que sigue siendo la herramienta más utilizada y reconocida en el abordaje científico de las ECM, se compone de dieciséis preguntas de opción múltiple cada una con una puntuación de 0 a 2 y, por tanto, con una puntuación total que oscila entre 0 y 32. Si el resultado es superior a 7 nos enfrentamos a un fenómeno de

ECM. Incluyo las preguntas a continuación con el fin de brindarte una posible herramienta de autodiagnóstico en caso de que hayas vivido una experiencia de este tipo o para aquellos que deseéis evaluar con mayor profundidad los testimonios relatados en este libro.

Escala de ECM de Greyson

1. ¿Sintió que el tiempo corría más rápido o más lento?
   0 = No.
   1 = El tiempo transcurría más rápido o más lento de lo normal.
   2 = Me pareció que todo sucedió en un solo instante; el tiempo había perdido su significado.

2. ¿Sus pensamientos fueron más rápidos?
   0 = No.
   1 = Más rápidos de lo normal.
   2 = Increíblemente rápidos.

3. ¿Recordó escenas del pasado?
   0 = No.
   1 = He recordado muchos eventos pasados.
   2 = Mi pasado fluyó frente a mí sin que yo pudiera controlarlo.

4. ¿Le pareció entenderlo todo de repente?
   0 = No.

1 = Todo sobre mí y los demás.

2 = Todo sobre el universo.

5. ¿Experimentó una sensación placentera o pacífica?

0 = No.

1 = Alivio o tranquilidad.

2 = Increíble paz o bienestar.

6. ¿Experimentó un sentimiento de alegría?

0 = No.

1 = Felicidad.

2 = Dicha inmensa.

7. ¿Experimentó un sentimiento de armonía o unidad con el universo?

0 = No.

1 = No sentí ninguna diferencia con la naturaleza.

2 = Me sentí uno con el mundo.

8. ¿Vio o se sintió rodeado de luz brillante?

0 = No.

1 = Una luz particularmente brillante.

2 = Una luz clara de origen místico o de otro mundo.

9. ¿Fueron sus sentidos más vívidos que de costumbre?

0 = No.

1 = Más vívidos de lo habitual.

2 = Increíblemente más vívidos.

10. ¿Le pareció estar al tanto de cosas o hechos que estaban sucediendo en otros lugares?

0 = No.

1 = Sí, hechos que posteriormente no tuvieron una confirmación objetiva.

2 = Sí, hechos que posteriormente tuvieron una confirmación objetiva.

11. ¿Se le presentó alguna escena del futuro?

0 = No.

1 = Escenas de mi futuro personal.

2 = Escenas del futuro del mundo.

12. ¿Se sintió separado de su cuerpo?

0 = No.

1 = Perdí la conciencia de mi cuerpo.

2 = Claramente dejé mi cuerpo.

13. ¿Sintió que estaba entrando en alguna otra dimensión de otro mundo?

0 = No.

1 = En un lugar extraño y desconocido.

2 = En un lugar claramente místico o de otro mundo.

14. ¿Sintió la presencia de un ser místico o escuchó una voz desconocida?

0 = No.

1 = Escuché una voz desconocida.

2 = Conocí a un ser místico o escuché una voz de origen sobrenatural.

15. ¿Vio muertos o figuras religiosas?

0 = No.

1 = Sentí su presencia.

2 = Los vi.

16. ¿Tuvo la sensación de llegar a un umbral o a un punto de no retorno?

0 = No.

1 = Tomé una decisión consciente de volver a la vida.

2 = Encontré alguna barrera que no me permitía superarla o me vi obligado a volver a la vida.

Isabel era una mujer de cuarenta y tres años, de contextura menuda y cabello castaño claro rizado. Los dedos de sus esbeltas manos de piel dorada descansaban sobre el volante de cuero sintético negro de su utilitario rojo fuego mientras conducía por la carretera que separaba la costa de la ciudad en la que vivía. Esos mismos dedos acababan de manipular la pantalla táctil del auto y el sistema de sonido reproducía ahora las notas de *Everywhere*, de Fleetwood Mac. Isabel se encontró cantando a gritos la letra de aquella canción que tanto le gustaba, a pesar de las miradas divertidas de los ocupantes de los coches que la adelantaban. Tenía la ventanilla bajada y el aire de aquella mañana de octubre le revolvía el pelo, cuyos mechones ondeaban al viento incluso fuera del propio coche.

La mujer trabajaba como camarera en un importante restaurante de la ciudad y estaba sumamente feliz de poder dedicar un día libre a una de sus actividades favoritas: el surf. Sin embargo, esto quedaba relegado al segundo lugar, después del que ocupaban sus tres queridos perros, todos mestizos y rescatados de una muerte segura en la perrera. Isabel era soltera y dedicaba su vida por completo a sus amigos de cuatro patas. Ese día, como siempre que salía sin ellos, se sintió muy culpable por dejarlos en casa, aunque no podía haberlo hecho de otra manera ya que pensaba pasar la mayor parte del tiempo en el agua. Era muy buena nadadora y desde pequeña sentía una fuerte atracción por el mar. Su sueño, una vez jubilada, era mudarse a vivir a la costa. Al oír el tono de llamada del teléfono que salía de los cuatro altavoces del habitáculo, dejó de cantar.

—¿Hola?

—Cielo, ¿ya estás en el coche? —Era la voz de una de sus mejores amigas que, también aficionada al surf, se suponía que se uniría a ella en la playa.

—Sí, estoy en la carretera. Estaré ahí enseguida.

—Cariño, lo siento mucho, pero quería decirte que no puedo ir. Me acaban de llamar del trabajo y no puedo librarme de acudir.

—¡Oh, no!

—Vaya, no puedo decirles que no voy. Ya tengo cierta edad y si no soy cien por cien fiable para ellos, me echarán. Ya sabes cómo va esto —respondió la amiga, de cuarenta años, que trabajaba en un *call center* donde la edad promedio era de veinticinco años y donde ya se la consideraba mayor.

—Sí, lo sé. Pero era nuestro día de surf. ¿Cuándo narices volverá a pasar que tengamos un día libre que coincida y que además haya buenas olas?

—Lo siento mucho. Esta noche te llamo y me cuentas, ¿vale?

—Está bien. Hablamos luego.

La llamada se colgó automáticamente en el manos libres del coche y se reanudó la música, aunque esta vez Isabel no cantó. Después de unos kilómetros llegó al estacionamiento junto a la gran playa blanca frente al mar. Se bajó del coche y vio complacida que allí no había prácticamente nadie y que las olas eran altas y abundantes. El blanco de su espuma que se destacaba contra el azul verdoso del agua siempre la había fascinado, y esa vista le producía una sensación de bienestar incomparable. Desenganchó la tabla de la baca del automóvil y la dejó en el suelo. Se quitó los zapatos y se desvistió, hasta quedarse en bañador, sacó el traje de neopreno del maletero y se lo puso. Finalmente se sujetó el cabello en una cola de caballo con una goma. Luego agarró la tabla y comenzó a caminar por el sendero arenoso de suave pendiente que conducía a la playa. Caminar descalza sobre la arena era uno de esos pequeños placeres que le alegraban la vida, decididamente complicada tras su reciente divorcio.

Después de once años de matrimonio en los que pensó que había construido un nivel de vida aceptable, se veía obligada a trabajar en turnos imposibles para cubrir todos los costes de mantenimiento del apartamento en el que vivía, y los únicos momentos de ocio estaban representados por los pocos días libres que podía dedicar al surf, además de los paseos matutinos y vespertinos que daba con sus perros: Kira, una mestiza parecida a una *border collie* pero de menor tamaño; Kim, un cruce entre *pinscher* y chihuahua marrón oscuro, y Charlie, un medio *schnauzer* de pelaje gris. Cuando salían todos juntos e iban al parque siempre era una fiesta; a ella le gustaba verlos jugar con otros perros y agruparse como buenos hermanos. Isabel no había tenido hijos por voluntad propia, y sus perros le ofrecían la oportunidad de disfrutar del instinto maternal que siempre había mostrado.

Al llegar a la orilla miró a su alrededor y vio que las pocas personas que había en la playa estaban a varias decenas de metros de ella. Era un día perfecto, el sol que brillaba en el cielo hacía que la temperatura fuera casi de verano y las olas eran altas y espumosas. Todo el mar era para ella y su tabla. Se metió en el agua y, tumbada sobre las olas, empezó a remar con los brazos hacia el horizonte, a la espera de que llegara la ola adecuada. Vinieron varias, e Isabel se lanzó varias veces bajo la fuerza del agua. Esa rutina de nadar y luego montar las olas distraía su mente de los problemas cotidianos y la adrenalina que provocaba deslizarse a gran velocidad sobre la cresta de las olas la estimulaba más que nada en el mundo.

Después de la última, volvió a nadar hacia el horizonte y, como de costumbre, trató de ponerse de pie sobre la enorme tabla. Esta vez, sin embargo, un dolor repentino e insoportable en la pierna la paralizó literalmente y la hizo caer al agua. Trató de nadar, pero el dolor no le permitió llegar a la tabla a pesar de estar atada con un cordón a uno de sus tobillos. Se retorció lo mejor que pudo para tratar de mantenerse a flote, pero su cuerpo pesado e inmóvil la arrastró varias veces bajo la superficie. Gritó y trató de hacer señas a los bañistas que estaban en la orilla pero se encontraban demasiado lejos para poder darse cuenta de lo que le pasaba a la mujer que a su vista representaba solo un punto negro cerca de una colorida tabla. Finalmente, exhausta, ya no pudo mantener la cabeza fuera y sus pulmones comenzaron a llenarse de agua mientras su cuerpo inerte flotaba sobre su estómago.

Por un momento se hizo la oscuridad. Entonces, una sensación de ligereza la levantó y pudo ver su propio cuerpo flotando un par de metros debajo de ella. Vio la tabla allí debajo y las olas. Era como si el agradable calor de los rayos del sol ahora pudiera atravesarla literalmente. Asombrada por lo que estaba pasando, sin embargo, no sintió ningún tipo de alarma, más bien se abandonó a ese sentimiento de calidez que la abrazaba. Se dio cuenta de que ocurría algo extraño, y no estaba segura de que fuera un sueño o la realidad. Pensó que, de tratarse de lo segundo, debía de estar muerta o al menos inconsciente. De inmediato, sus pensamientos se dirigieron a sus tres perros: ¿qué sería de ellos? ¿Quién se encargaría de cuidarlos? Nunca había pensado en la posibilidad de que le pudiera pasar algo así y no se había molestado en organizar la existencia de sus amados cuadrúpedos cuando ella ya no estuviera. Siempre había asumido que la vida de ellos sería más corta que la suya.

Pero la preocupación cesó casi al instante y fue reemplazada por una sensación de extremo bienestar. Comenzó a flotar alto y luego fue absorbida a una velocidad vertiginosa por lo que parecía un largo vórtice de nubes blancas en forma de túnel. Sentía que volaba pero esta vez era una sensación real y no como había ocurrido en los pocos sueños hermosos de este tipo que había tenido en su vida. Al cabo de unos instantes se encontró en una inmensa pradera de un color verde brillante tan vivo que parecía imposible que sus ojos pudieran percibirlo. Nunca había visto colores de esa intensidad, ni siquiera en tiendas de electrónica frente a los carísimos televisores último modelo. También olía la hierba de una manera que nunca antes había experimentado; era como si el aroma entrara físicamente en su cuerpo y le hiciera cosquillas en cada célula. Se sentía genial, con esa felicidad genuina que solo experimentan los niños pequeños, y era como si volviera a vivir esas sensaciones por primera vez.

De nuevo, pensó en sus perros pero la ansiedad y los miedos se habían ido porque una certeza inexplicable le decía que todo saldría bien y que no necesitaba preocuparse. En un momento dado vio de lejos algo pequeño y peludo que corría hacia ella; de inmediato reconoció los colores blanco y negro y al cabo de unos instantes también vio las orejas puntiagudas y la carita de Molly, una *pinscher* que había adoptado años atrás y que al poco tiempo había sucumbido a una enfermedad. Isabel la alcanzó, saltó sobre ella y rodaron juntas por la hierba en lo que a la mujer le pareció el mejor abrazo que jamás había recibido. No solo estaban juntas sino que le dio la impresión de que eran la misma cosa, como si entre el cuerpo de la mujer y el de la perra ya no hubiera separación alguna. Podía escuchar los rápidos latidos de su corazón. Isabel nunca había sido tan feliz, ni siquiera el día de su boda había vivido una sensación de realización similar.

—¿Cómo estás, mi amor? —preguntó con el pensamiento, ya que el lugar parecía completamente desprovisto de cualquier sonido.

—Estoy bien. ¿Y tú? —respondió la perra. Era inexplicable que pudiera utilizar el lenguaje humano. Se comunicó con ella como Isabel pensaba que podía hacerlo cuando aún estaba viva, pero creía que era solo su imaginación. Además, la perra parecía más viva que nunca, los colores de su pelaje eran mucho más intensos y brillantes que cuando aún vivía y era como si la rodeara un halo de luz blanca.

—Estoy muy bien aquí, contigo. Pero ¿por qué me dejaste tan pronto? Después de que te fuiste, sufrí un dolor que nunca antes había sentido.

Aquello era cierto, porque Isabel nunca había estado tan mal en su vida, ni siquiera después de divorciarse de su marido. El luto por la pérdida de Molly había durado meses y le había provocado una profunda depresión que necesitó intervención farmacológica. No salía de casa excepto para ir a trabajar, no contestaba al teléfono y no quería hablar con nadie. El hecho de que la pequeña de cuatro patas la hubiera abandonado tan repentinamente casi le había quitado toda razón de vivir. Ella era su compañera, la alegría de la casa, y se la echaba mucho de menos.

—Hice lo que tenía que hacer y ahora estoy aquí. Cuando estuvimos juntas te introduje en el amor más puro, la fidelidad y la lealtad. Te enseñé que no necesitas palabras para demostrarlo, las acciones son suficientes. Y como puedes ver, nuestro amor no ha terminado.

—Gracias, mi pequeña —respondió Isabel, y sintió lágrimas de felicidad descender por su rostro. Eran pura imaginación, ya que no había necesidad de llanto en esa dimensión y el estado de dicha era tan grande que no podía producirse ningún cambio en la intensidad.

Corrieron juntas por aquel magnífico prado florido cuyos colores reproducían los de un arcoíris con todas las tonalidades posibles. Había colores que la mujer nunca antes había podido ver. El tiempo se había detenido y la idea de quedarse allí para siempre le pareció placentera y tranquilizadora. Molly, en un momento dado, mientras estaban felices y tumbadas sobre la hierba fresca y fragante, se acercó a su oreja como siempre hacía para lamerla cariñosamente y le susurró:

—Ahora tienes que volver. Tienes que hacerlo por Kira, Kim y Charlie, pero recuerda que siempre estaré aquí esperándote.

Isabel, acostada con los ojos cerrados, habría deseado decirle que no quería volver y que ansiaba quedarse con ella en aquel prado. Pero abrió los ojos de inmediato.

Su cuerpo ahora yacía de espaldas en la orilla del mar; sintió la arena y el agua moverse bajo su piel y el sol la deslumbró. Una lengua seguía moviéndose y lamiendo su oreja pero esta vez parecía hacerlo con mayor vigor. Tan pronto como pudo, se volvió y notó que en el lugar de Molly había un gran labrador beis que no conocía. Con un sobresalto, volvió la cabeza hacia la derecha y vio a dos chicos de pie junto a ella, también con un traje de neopreno. Eran más jóvenes que ella, uno con cabello largo color miel que se parecía al de ella y el otro con cabello castaño corto.

—Oye, ¿puedes oírme? —dijo uno de ellos.

—Sí. ¿Qué ha pasado? —tartamudeó Isabel.

—¡Gracias a Dios! Hemos llamado a la ambulancia porque no respondías y no respirabas. Luego te hemos movido a un lado para dejar salir la mayor cantidad de agua posible y te hemos hecho el boca a boca. No te preocupes, la ayuda está de camino.

—Gracias —respondió ella, no demasiado convencida de que todavía quisiera estar viva.

—Tienes que darle las gracias a él —dijo el chico de pelo largo, señalando al gran perro, que seguía al lado de la mujer—. Él ha sido el que se ha fijado en ti, y tan pronto como te ha visto a comenzado a nadar en tu dirección como un loco.

César

Aunque no se pueden definir como ECM, hay experiencias que preceden a la muerte que, en mi opinión, merecen ser igualmente consideradas. Son los testimonios que realizan las personas en las horas o minutos anteriores al momento de su muerte. A menudo, unos instantes antes de dejarnos, nuestros seres queridos manifiestan que tienen visiones o conciencias que hasta entonces no tenían. Hablan de personas invisibles para nosotros que han venido a cuidarlos en ese momento tan importante, de seres sobrenaturales que los consuelan y acompañan. Muchas veces son familiares fallecidos, otras veces son figuras angelicales. Estas percepciones son aún más increíbles cuando quienes las experimentan son personas que hasta momentos antes padecían problemas cognitivos o demencia senil y que por tanto no podían, en condiciones normales, reconocer a sus familiares por haber perdido la memoria de su existencia.

Aunque el cerebro humano es una máquina prodigiosa y aún en gran parte desconocida para nosotros, es algo incomprensible cómo alguien puede, justo antes de morir, recuperar la memoria de eventos o personas olvidados hace mucho tiempo. Más aún si la pérdida de esos recuerdos se debió a problemas de carácter neurobiológico y por tanto irreversibles. Sin embargo, no son raros los casos de este tipo que contribuyen a aumentar el aura de misterio que rodea el final de nuestra existencia. Es un fenómeno fascinante desde el punto de vista científico y sumamente reconfortante desde el punto de vista humano, ya que confirma que los lazos de amor y las relaciones o sentimientos que hemos construido son infinitos y no atribuibles solo al tiempo que pasamos en la Tierra. Creo que hay una gran similitud con las ECM porque en ambos casos es como si, momentos antes de que el cuerpo deje de vivir, la conciencia adquiriera un estado diferente que considero que puedo definir como «superior».

Algunos moribundos consiguen incluso influir en el paso del tiempo y ralentizarlo para que sus seres queridos tengan tiempo de llegar hasta ellos antes del gran viaje que les espera. Para ese último adiós terrenal, continúan viviendo durante horas a pesar de que su cuerpo ya no está en condiciones médicas para hacerlo. En ocasiones lo hacen por miedo a haber dejado algo inconcluso o para resolver y terminar una relación. Es como si esas últimas horas de vida fueran una oportunidad para que el moribundo arregle las cosas, las ponga en perspectiva y actúe sobre lo que sucederá después de que él se haya ido. Son momentos en los que la persona adquiere una claridad extrema sobre lo que es realmente importante para ella. Puede tener conflictos sin resolver. Tal vez solo quiera compartir un último momento. Quizá quiera pedir perdón o hacerle saber a alguien que ha sido perdonado, que necesita seguir adelante, y darle instrucciones sobre cómo hacerlo.

La muerte es un momento especial. Es un momento de aceptar, de abrazar, de entregarse y, curiosamente, también de tener más perspectiva sobre los hechos y las cosas. A veces, morir implica una elección consciente de dejar ir o una elección deliberada de esperar a que suceda algo importante. Algunos pueden aguardar a que llegue un ser querido o incluso permanecer vivos durante días si se acerca una fecha importante, como Navidad o un aniversario. En muchas culturas, algunas personas que se están muriendo desean reunirse con todos sus seres queridos antes de aceptar morir. En ocasiones, unas pocas palabras del último miembro de la familia en orden de llegada tienen el poder de crear esa atmósfera de paz que puede hacer que el moribundo se sienta satisfecho con su vida, relajado y listo para respirar por última vez.

Las enfermeras de los hogares de ancianos o de los centros de cuidados paliativos lo saben muy bien y recomiendan que los parientes y miembros de la familia escuchen atentamente lo que tienen que decir las personas que están a punto de marcharse. Porque la mayor parte del tiempo no están delirando. Por el contrario, están más concentradas que nunca, ya que en esos momentos su conciencia probablemente esté accediendo a información de carácter universal. Su punto de vista es más claro que nunca, incluso si lo que describen o cuentan no es inmediatamente comprensible para los asistentes. La mayoría de las veces, la comprensión vendrá en un momento posterior y será alucinante. Médicos y enfermeros también han relatado el ambiente que se crea en esas habitaciones donde el dolor es suplantado por un aura de paz e inmensa energía. Algunos incluso han testificado que la persona que está a punto de partir a veces está rodeada por un halo de luz inmaterial y casi sobrenatural.

Conocí a María hace varios años, cuando vino a mi consulta para someterse a una hipnosis de regresión a vidas pasadas. Era una mujer no demasiado alta y de complexión delgada, con cabello castaño largo y lacio y un flequillo que le cubría la frente casi por completo. Sus grandes ojos marrones y su actitud siempre sonriente la convertían en una persona agradable para cualquiera que tratara con ella en cualquier contexto. Unas semanas después de la sesión, me escribió un correo electrónico para informarme sobre los cambios que la regresión había producido en su vida. Estamos en contacto desde entonces y nos escribimos un par de veces al año para mantenernos al día con los hechos más destacados de nuestras vidas. No puedo llamarlo una relación de amistad ya que no nos frecuentamos, pero de alguna manera ella se ha mantenido constante en mi vida a lo largo del tiempo. Me sorprendió un poco que después de tantos años me pidiera que nos reuniéramos. Me dijo que tenía cosas importantes que contarme y que prefería hacerlo en persona, porque necesitaba mi respuesta inmediata. Nos veíamos a la semana siguiente y decidí reservar al menos dos horas para ese encuentro para poder atenderla sin prisa. María ya no era una completa desconocida para mí, y como parecía muy alterada quería prestarle toda mi atención.

Era a última hora de una mañana de junio, hacía mucho calor y el viejo aire acondicionado del centro multiespecializado donde estaba mi consultorio apenas garantizaba una temperatura soportable. Llegó con una camiseta sin mangas y unos *shorts* muy cortos, y aunque gracias a su físico tonificado no le quedaban nada mal, encontré aquel atuendo un poco fuera de lugar para sus sesenta y dos años. Pero ella era así, lo sabía, todavía se sentía como una niña por dentro y por fuera, y no tenía problema en demostrárselo a los demás, cuyo juicio no temía. Ni siquiera sus dos hijos adultos habían podido cambiarla, y mucho menos los extraños. Era una mujer libre y de voluntad fuerte y no aceptaba ningún tipo de compromiso. Su carácter era el resultado de una vida marcada por acontecimientos bastante importantes, a pesar de lo cual siempre había sabido afrontar cualquier situación y mostraba una fuerza y un coraje fuera de lo común.

Se había casado dos veces: su primer marido, el padre de uno de sus hijos, a quien conoció cuando tenía poco más de veinte años y con quien se casó a los dos meses, era un artista bohemio que nunca había podido encontrar un trabajo decente y había dejado el manejo de la casa y la familia sobre los hombros de María tanto económica como emocionalmente. Cansada de aquella relación, se había divorciado y vuelto a casar con un hombre completamente diferente, el padre de su segundo hijo, quien, sin embargo, con los años había demostrado ser un déspota y un perfeccionista además de una persona violenta. También ese matrimonio había fracasado inevitablemente después de un tiempo, y ella se había encontrado sin hogar, sin un céntimo y con la necesidad de reconstruir una vida para ella y sus hijos. Lo había logrado, pero le había costado un esfuerzo considerable y muchas horas de arduo trabajo. Ahora sus hijos eran adultos y finalmente era libre de comportarse como quisiera y elegir la vida que más le agradara. Yo sentía por ella una gran admiración.

—Alex, querido, ¿cómo estás? —gritó mientras se asomaba a la puerta de mi estudio. Pensé que su sonrisa era aún más deslumbrante y contagiosa que de costumbre.

—Estoy bien, ¿y tú?

—Estoy bien, aunque necesito hablar contigo sobre algunas cosas porque lo estoy pasando bastante mal —respondió mientras entraba en la habitación y se sentaba en una de las dos sillas frente a mi escritorio.

—Cuéntamelo todo —le pedí.

Su cara tenía una expresión que nunca había visto antes, se veía envejecida y desgastada. Ya no expresaba la actitud de la mujer fuerte que era.

—Hace dos semanas murió mi padre.

—Vaya. Lo siento mucho. —Y era cierto. Conocí a su padre unos años antes, y era exactamente como ella. Un hombre pequeño de estatura pero con una gran energía personal, cuya sonrisa era capaz de generar serenidad en cualquier interlocutor. Era el abuelo que todos quisieran tener, dulce y paciente con los nietos y siempre optimista sobre el futuro. Comprendí que la falta de una persona como él podía generar mucho vacío. María me ofreció entonces un relato detallado de lo que le había sucedido.

Su padre se llamaba César y tenía ochenta y siete años. Su esposa, de quien se había divorciado hacía mucho tiempo, había muerto diez años antes. Residía solo en la cuarta planta de un edificio sin ascensor en un pequeño pueblo a unos veinte kilómetros de una gran ciudad. Llevaba muchos años viviendo en ese piso y a pesar de que sus dos hijas —María, la menor, y Elena, la mayor— le habían recomendado en repetidas ocasiones que se mudara a otro lugar, siempre les había respondido que aquella era su casa y que no se iría nunca de allí. Elena, que tenía sesenta y cuatro años y nunca se había casado, incluso se ofreció a vivir con él, pero el hombre se negó. Estaba acostumbrado a estar solo en su tiempo libre y aunque sufría de diabetes, por lo demás gozaba de excelente salud. Sus días estaban marcados por ritmos regulares: no le gustaba madrugar y pasaba la mañana desayunando y hablando con otros ancianos en el bar de abajo mientras esperaba la hora del almuerzo. Luego subía tranquilamente las numerosas escaleras y se preparaba la comida, ya que siempre se le había dado bien la cocina y nunca había dejado de cocinar a pesar de vivir solo. Después del almuerzo dormía una siesta de aproximadamente una hora y media, luego por la tarde volvía a salir a hacer algunas compras y, de vuelta a casa, dedicaba el tiempo previo a la cena a llamar por teléfono a sus hijas o nietos, a leer o a ver algún programa de televisión. Su vida había seguido ese mismo rumbo durante varios años y estaba bastante satisfecho porque se sentía equilibrado y cómodo consigo mismo. Una mañana ese ritmo familiar y tranquilo fue interrumpido por un fuerte dolor en el abdomen. César no le prestó mucha atención; pensó que, a su edad, tener algo de dolor era completamente normal. Además, estaba acostumbrado a dejar pasar los acontecimientos y a preocuparse solo cuando era realmente necesario. Sin embargo, a las cuatro de la tarde el dolor aún no había pasado cuando sonó el teléfono.

—Hola, papá. ¿Cómo estás? —Era la voz de María, que lo llamaba todos los días. De las dos hijas era la que más veces hablaba por teléfono con él, mientras que Elena, la hermana mayor, que vivía más cerca, se encargaba de visitarlo al menos una vez por semana, los sábados o los domingos.

—Estoy bien, mi bebé —respondió César, pero el tono de su voz no pudo ocultar el hecho de que en realidad estaba sufriendo mucho.

—Papi, tienes una voz rara. ¿Estás seguro de que estás bien?

—Sí, sí. Solo tengo un pequeño dolor de estómago.

—¿Te duele el estómago? ¿Desde hace cuánto tiempo? —preguntó la mujer, algo preocupada.

—Desde esta mañana, pero seguro que se me pasa, ya verás.

—No, papá. Ahora llamo a Elena y le digo que vaya enseguida —respondió María. Su hermana vivía a unos pocos kilómetros de distancia de su padre mientras que ella tardaría más de tres horas en llegar hasta él.

—No hace falta, no la molestes.

Sin embargo, María la llamó de inmediato y le pidió que corriera a casa de su padre. Elena se unió a él después de solo media hora y al encontrarlo en la cama con fuertes dolores decidió llevarlo al hospital. Al llegar a la gran plaza, la mujer le pidió a César que la esperara frente a la entrada de la clínica mientras ella trataba de aparcar el coche lo mejor que podía. Él se sentó en un banco a la sombra del gran porche adyacente a las puertas de la sala de urgencias. Menos de una hora después, ambos estaban en una pequeña habitación esperando al médico de turno. María, que mientras tanto estaba en la oficina a más de doscientos kilómetros de distancia, estaba muy preocupada y había intentado varias veces contactar con su hermana, que tenía el teléfono en modo vibración dentro del bolso.

Su relación nunca había sido fácil, ya que el divorcio de sus padres, que se produjo cuando ambas eran aún pequeñas, les había hecho crecer en la distancia, una con el padre y la otra con la madre, lo que no facilitó su relación. Cincuenta años después, todavía se mostraban celosas de la atención que cada progenitor había dedicado a la otra hermana. Elena, la mayor, en lugar de preocuparse por el estado de ánimo de María en ese momento, se centró en el estado de salud de su padre, y eso la hizo sentir orgullosa, como para demostrar que era mejor hija. Era como si por estar más cerca debiera cuidarlo y eso le diera más puntos. María, que había crecido con su padre, sentía que era correcto darle más tiempo para estar con él ahora que era mayor. Pero aun así, estaban en constante rivalidad y no dudaban en señalar a la otra cualquier falta si se presentaba la oportunidad. Por eso no hablaban mucho y solo se veían un par de veces al año durante las vacaciones. Elena estaba celosa de María porque, a pesar de ser la hermana menor, había logrado formar no una, sino dos familias con hijos y tenía un trabajo que la satisfacía. Ella, por el contrario, había tenido una existencia completamente diferente debido a las vicisitudes de la vida, y tras dos relaciones que terminaron mal ya en la cincuentena había decidido quedarse sola y dedicar el tiempo libre a sus aficiones creativas, como la pintura o la escritura. Trabajaba como oficinista con contratos siempre temporales y se había visto obligada a volver a vivir en el pueblo porque ya no podía pagar los alquileres de la gran ciudad donde vivía su hermana. Eran completamente diferentes y lo único que las unía era el amor por su padre, un hombre que, aunque no perfecto, siempre se había esforzado por llenarlas de ternura y atención.

—Buenos días. ¿Quién es el paciente? —preguntó el doctor de manera apresurada, lo que indicaba que la mañana debía de estar bastante movida.

—Soy yo —respondió César.

—¿Qué le sucede?

—Desde anoche tengo un dolor bastante fuerte en el estómago; no he podido dormir en ninguna posición y he tenido que levantarme varias veces.

—¿Le había pasado alguna vez?

—No. Nunca he tenido dolores tan fuertes que no fueran por algún problema intestinal.

—Por favor, quítese la camisa —le pidió el médico, y palpó el abdomen y la espalda del anciano en varios lugares—. Necesitamos hacerle una ecografía y algunas pruebas, probablemente una tomografía computarizada. No es apendicitis; me hace pensar más en un problema de vesícula biliar, pero necesitamos entender qué es. Le recomiendo que se quede al menos un par de días. Si está de acuerdo, prepararé los documentos para la hospitalización.

—¿No se puede hacer todo hoy? Me gustaría pasar la noche en casa.

—Lo siento, pero tiene que quedarse una noche o dos. De lo contrario, puede firmar y autorizar su baja voluntaria, pero sería más adecuado hacerle las pruebas para evitar cualquier complicación.

—No, gracias. Dígame dónde firmar y me voy a casa.

—¡Pero papá! ¿Qué dices? —intervino Elena de inmediato, y después de un par de minutos de discusión convenció a su padre de que permaneciera en el hospital y lo acompañó a la habitación que le habían asignado para su hospitalización.

—¿Has llamado a tu hermana? —preguntó César, recostado en una de las dos camas. En la otra había un señor mayor como él, aparentemente dormido.

—¡Ah, sí! Ahora la llamo —respondió su hija, fingiendo un tono de sorpresa que disimulaba el hecho de que hasta ese momento no había llamado a María deliberadamente, con la intención de preocuparla más y señalar que ella era quien se había ocupado del cuidado de su padre.

—Hola, María, estamos en el hospital. Han ingresado a papá para hacerle unas pruebas, creen que es un problema de la vesícula biliar. De momento le han dado un analgésico y mañana le harán una ecografía, análisis de sangre y probablemente un TAC. Me quedaré aquí con él hasta esta noche.

—Bien, gracias. ¿Me pasas un momento a papá, por favor?

—Hola, cariño —dijo César, feliz de escuchar la voz de su hija.

—Hola, papá. ¿Cómo estás?

—Estoy bien. Me han dado algo para el dolor y se me ha pasado, pero tu hermana insiste en que tengo que quedarme aquí.

—Lo sé, papá. Elena tiene razón, es mejor que te quedes hasta mañana para asegurarte de que todo está bien. Vaya, solo es una noche —remarcó María, quien sabía muy bien cuánto detestaba su padre pasar la noche fuera de casa.

—¿Puedes traerme el cargador del teléfono? —preguntó, aparentemente ajeno al hecho de que su hija estaba a más de tres horas en coche del hospital y probablemente confundido por la acción del analgésico.

—Sí, por supuesto que te lo traeré —respondió ella, consciente de que lo que decía el hombre no tenía sentido.

A la mañana siguiente, primero le tomaron una muestra de sangre y luego lo llevaron a radiología. Elena esperó pacientemente muchas horas en la habitación del hospital a que regresara su padre. El anciano de la cama de al lado seguía durmiendo, evidentemente sedado; además, estaba visiblemente bajo de peso y la expresión serena de su rostro ahora esquelético le hizo pensar que se estaba muriendo. Sentía mucha pena por él porque desde el día anterior todavía no había ido ningún familiar a visitarlo y pensó que era probable que estuviera solo en el mundo. Mientras tanto, César pasó la mayor parte del día sometiéndose primero a exámenes radiológicos y luego endoscópicos. Le hicieron una ecografía y después, a petición del médico, también una tomografía computarizada y una gastrocolonoscopia. Alrededor de las tres de la tarde lo llevaron de regreso al departamento de cirugía. Le sirvieron el almuerzo, que no comió por la falta de sabor de la comida, lo que encendió una alarma más en la cabeza de su hija mayor, que sabía muy bien que su padre solía tener un excelente apetito y era un gran admirador de la comida. Pensó que si estuviera bien de salud se comería cualquier cosa. Después de aproximadamente una hora llegó el médico responsable, acompañado de una enfermera, para la ronda de rutina.

—Lamentablemente no tengo buenas noticias. Me temo que tendrá que quedarse aquí unos días más —dijo, visiblemente serio. Era un hombre alto y delgado, de unos cincuenta y cinco años, con un espeso cabello gris bien cortado y peinado.

—¿Por qué, doctor? —exclamaron padre e hija casi al unísono.

—A partir de las pruebas hemos podido encontrar una masa que, probablemente, se originó en el colon y que, sin embargo, ahora se ha extendido a los órganos adyacentes. —Fue deliberadamente inexacto porque por desgracia era una situación catastrófica, ya que el tumor había atacado silenciosamente tanto el estómago como el hígado y el páncreas.

—¿Entonces qué debo hacer? —preguntó César, preocupado más que nada por tener que permanecer un tiempo más en el hospital.

—No lo sé —respondió el médico vagamente—. Por ahora debemos mantenerlo aquí durante unos días para observarlo y ponerle alimentación por sonda, ya que su estómago actualmente no puede funcionar bien.

Elena esperó a que el doctor terminara su recorrido por los pacientes y luego se reunió con él en su consulta, tras usar con su padre la excusa de que debía ir al baño. Quería saber exactamente a qué se enfrentaban sin que su padre estuviera presente, ya que le había dicho que lo más probable es que solo fuera una infección y que se le pasaría con una simple cura con antibióticos. Afortunadamente, César no tenía mucho conocimiento en el campo de la medicina y confiaba mucho en sus dos hijas. La mujer llamó a la puerta de la pequeña habitación.

—Doctor, por favor, dígame cómo están las cosas realmente.

—Por desgracia, señora, no hay mucho que hacer. El tumor es demasiado grande e inoperable y el corazón no está en buenas condiciones en absoluto, no soportaría la operación de todos modos. Realmente lo siento mucho.

—¿Entonces, qué puede hacerse?

—Por el momento lo mantendremos aquí y lo alimentaremos por vía intravenosa para que podamos ver cómo evoluciona la situación.

—¿Cuánto tiempo le queda de vida?

—Es difícil decirlo pero, en cualquier caso, hablamos de semanas como máximo —respondió el doctor, consciente de no querer crear expectativas innecesarias.

Elena comenzó a llorar suavemente.

—Señora, puede quedarse con él todo el tiempo que quiera. He informado a la jefa de enfermeras de que el horario de visitas no se le aplicará a usted. Puede venir cuando quiera.

Esas palabras, en lugar de tranquilizarla, la deprimieron aún más porque de alguna manera confirmaban el hecho de que su padre moriría pronto. Cuando salió de la consulta llamó inmediatamente a María.

—Mari, papá tiene cáncer, se está muriendo —dijo entre sollozos.

—¿Como que cáncer? ¿Cáncer de qué?

—Lo tiene por todas partes, intestinos, estómago, hígado, páncreas...

—¡Pero no es posible! Estaba bien hasta hace dos días.

—Lo sé. Pero ya sabes cómo es él, tal vez llevaba mucho tiempo con dolores y no nos ha dicho nada para no preocuparnos. Vete tú a saber.

—¿Van a operarlo?

—No, lamentablemente es imposible. Sería inútil, y además el médico ha dicho que su corazón no aguantaría.

Ella también se echó a llorar y las dos permanecieron al teléfono en silencio, interrumpidas solo por algunos sollozos, durante unos minutos.

Al día siguiente, María se tomó un día libre en el trabajo y se reunió con su padre y su hermana en el hospital. Cuando llegó, encontró a César tranquilo y medio dormido, probablemente debido a los analgésicos y la debilidad derivada de alimentarse solo por vía intravenosa. Hablaron de esto y de aquello y ella lo tranquilizó diciéndole que era una infección generalizada y que pronto estaría bien porque ya lo estaban tratando. Sabiendo que ya no había nada que hacer y que los tiempos no eran muy largos, ella y su hermana habían decidido ahorrarle a su padre el sufrimiento innecesario de conocer su sentencia de muerte. Por la tarde María recorrió los más de doscientos kilómetros que la separaban del hospital y regresó a casa con sus hijos. Pasaron otros dos días y el estado de César empeoró aún más. Una tarde, mientras Elena estaba sentada junto a su cama como de costumbre, el hombre comenzó a hablar con una fluidez que no había mostrado en los días anteriores.

—Qué hermoso es este lugar. Gracias por traerme aquí, cariño —le dijo a su hija—. No sabía que aquí había este maravilloso jardín. Fíjate en las bellas flores y la fuente con chorros de agua todos en fila: parece el jardín de una villa y no un hospital. También hay bancos de hierro forjado debajo de la columnata, como me gustan a mí. Se está muy bien aquí, ¿no? ¿No está María? ¿Cuándo viene?

—Sí, papá —respondió Elena en evidente estado de *shock*, ya que su padre no estaba en un jardín y sobre todo había descrito con todo detalle el jardín interior del hospital que, sin embargo, no había visto nunca. Al principio pensó que eran delirios causados por la medicación para el dolor que le estaban administrando, pero ¿cómo sabía todos los detalles de ese lugar en el que nunca había estado?

Después de dar aquella descripción con el rostro sonriente y sereno, similar al de un niño que ve algo por primera vez, César se durmió. Los médicos dijeron que era normal porque la sedación a la que lo estaban sometiendo era similar a un estado de coma farmacológico. Era intencionado, ya que no había posibilidad de controlar los fuertes dolores ni de frenar el curso de la enfermedad. Le preguntaron a Elena si quería que se detuviera la alimentación intravenosa y ella respondió que estaba de acuerdo y que lo único que quería era que su padre no sufriera. Y en realidad no tenía ningún dolor, al menos a juzgar por el tono de voz y la sonrisa que mostraba al contar los detalles de aquella visita imaginaria al jardín interior del hospital. De inmediato, Elena llamó a su hermana y le comunicó que César se encontraba en estado de inconsciencia definitiva, que la vía de alimentación había sido suspendida y que por lo tanto a su padre le quedaban solo unas horas de vida.

María salió a toda prisa de su trabajo, se subió al coche y se apresuró a recoger a sus hijos para ir todos juntos al hospital. Estaba muy triste y se sentía monstruosamente culpable porque, como no había previsto una evolución tan rápida, no había podido estar al lado de su padre en el momento de la despedida. Repasó mentalmente los últimos dos días y pensó que había sido una mala hija, que había abandonado a su padre sin tener la oportunidad de despedirse. No se detuvo en el hecho de que tenía obligaciones laborales y que lo que había pasado en las últimas horas no había sido nada predecible, y pensó que nunca más encontraría la paz para esa culpa. Excedió todos los límites de velocidad en la carretera que separaba su ciudad del hospital, sin importar multas ni consecuencias. Sus hijos no paraban de decirle que fuera despacio: de nada servía correr ahora porque el abuelo ya no se despertaría. Pero en ese momento la razón había dado paso a la emoción, y María solo quería volver a ver a su amado padre. Llegaron a la puerta de la habitación donde estaba hospitalizado y ella les hizo señas a los chicos para que se quedaran fuera por el momento porque no había lugar para todos. Elena, que estaba junto a la cama de su padre, cerca del ventanal, la saludó sin hablar para no romper el silencio que reinaba en la habitación. María se acercó lentamente a la cama de su padre con los ojos nublados por las muchas lágrimas que corrían por sus mejillas y lo tomó de la mano.

—Papi, papi, ¿puedes oírme? Te quiero mucho. Lo siento, no he podido venir antes. Papá, ¿qué voy a hacer sin ti? Por favor, no me dejes. Por favor —susurró al oído al anciano, sin que su hermana lo oyera.

De repente sintió que él le apretaba la mano leve-
mente y vio que los ojos del hombre apenas se habían
abierto en una rendija. César empezó a hablar en voz
baja, tranquila, casi monótona.

—Qué bonito que estemos todos juntos. ¡Elena,
María, saludad a vuestra madre y a vuestra abuela! —dijo
con la mirada vuelta a los pies de la cama, hacia arriba, a un espacio donde no había nadie—. Han venido
a buscarme. Ahora tengo que irme con ellas porque
me acompañarán al jardín. Mamá dice que no impor-
ta cómo te comportaste en el pasado y que de ahora en
adelante, cada momento de tu vida te dará la oportunidad de apreciarte y amarte, de cuidarte. Nunca es tarde
para cambiar, crecer o recuperar una relación. Y debéis
estar ahí, la una para la otra, porque ahora solo esta-
réis vosotras. Siempre os amaré, hijas mías, pero ahora
realmente tengo que irme. —Volvió a estrechar la mano
a María y cerró los ojos, pero esta vez ya nunca más vol-
vería a abrirlos.

María me dijo que una circunstancia tan increíble
había cambiado literalmente su vida. El hecho de que
su padre la hubiera esperado antes de morirse y que su
conciencia se hubiera expandido para acceder a información que estaba más allá de los cinco sentidos y viajar en el espacio a lugares desconocidos para él había
cambiado sustancialmente la relación con su hermana.
María ahora no solo ya no tenía miedo a morir, porque

había visto con sus propios ojos la felicidad de su padre en ese momento que debería haber sido aterrador, pero que en realidad había resultado ser mágico y hermoso, sino que frecuentaba a su hermana regularmente, salían a comer juntas, pasaba fines de semana enteros con ella en compañía de sus hijos y Elena se había convertido por fin en el referente y la hermana mayor que nunca había tenido. La falta de César, más que separarlas, las había unido más que nunca.

Laura

Sin duda, la idea de que un momento temido como el final de nuestra vida es en realidad una experiencia placentera puede ofrecernos mucho consuelo. De gran ayuda son los comentarios de miles de personas que atestiguan que en los momentos previos a nuestra partida la conciencia parece casi expandirse hasta alcanzar niveles de conocimiento impensables hasta ese momento. Son frecuentes los casos en los que para acompañarnos en esos momentos están nuestros seres queridos, las personas que nos han precedido. Como guías turísticos, nos preparan para el gran viaje y nos aseguran que todo está bajo control y que será una experiencia maravillosa. Cuando sufrimos un duelo es como si hubiésemos esperado toda la vida la llegada de ese momento de reencuentro, y saber que alguien más lo ha vivido, o ha tenido la sensación de vivirlo, puede darnos un gran coraje y esperanza, cualidades que seguro que nos ayudan a hacer nuestra existencia mucho menos difícil. Son las que comúnmente se conocen como experiencias del final de la vida.

Una encuesta médica realizada a mil cuatrocientos pacientes al borde de la muerte analizó las vivencias de estas personas en las semanas, días y horas previas a su fallecimiento. Los investigadores encontraron que muchos de ellos informaron haberse encontrado con familiares fallecidos, haber soñado con viajes fantásticos y haber tenido recuerdos vívidos de eventos pasados. Más del sesenta por ciento de los pacientes encuestados afirmaron haber hallado mucho consuelo en estas visiones. Morir es una gran paradoja ya que el cuerpo físico está en decadencia pero la parte espiritual está más viva que nunca. Las personas que tienen experiencias relacionadas con el final de la vida demuestran claramente estos signos de crecimiento positivo a través de conocimientos e información que mejoran el momento de la transición.

Desafortunadamente, la ciencia considera la muerte solo desde un punto de vista médico, mientras que es una experiencia extremadamente rica también a nivel humano. Es mucho más que un organismo que deja de funcionar, y considerar solo este aspecto la vuelve estéril e inhumana. Deberíamos aprender a aceptarla y vivirla de inmediato de la manera positiva que describen la mayoría de personas que han vivido esa experiencia.

Muchas culturas han entendido esto y nunca han dejado de hacerlo. Si bien las del final de la vida pueden considerarse experiencias subjetivas e interiores, tienen en común con las ECM la similitud de las experiencias narradas.

Lo que siempre me ha fascinado, como escéptico que probablemente seguiré siendo hasta el final, es el hecho de que todas estas personas cuenten, si no exactamente lo mismo, al menos hechos muy similares. La medicina insiste en llamarlos sueños aunque quienes los han vivido diferencian los dos tipos de experiencia. Los describen como algo completamente distinto de los sueños. Quizá sea más apropiado hablar de visiones ya que las personas que las tienen están bien despiertas.

Estos estudios sobre las experiencias del final de la vida son, en mi opinión, muy interesantes porque proporcionan un punto de vista adicional, distinto de las ECM o de la hipnosis. Esta distinción es muy importante ya que estamos ante una muestra diferente de personas que no están en coma ni han sufrido parada cardíaca y por tanto tienen un flujo de oxígeno normal en el cerebro. Son investigaciones realizadas durante un período de tiempo más largo y en personas cuyas funciones neurológicas no están alteradas.

Los resultados de este estudio son realmente fascinantes: el noventa por ciento de las personas, en los días y semanas previos a la muerte, experimenta al menos uno de estos eventos sobrenaturales que se definen como extraordinariamente reales y profundamente significativos. Otra conclusión importante es el hallazgo de que estas percepciones aumentan en frecuencia a medida que las personas se acercan a la muerte. Cuanto más nos acercamos a la muerte, más probable es que veamos y escuchemos las voces de los seres queridos que nos han dejado. Y es un fenómeno realmente increíble y conmovedor porque es posible que nuestros seres queridos tomen la apariencia de cuando eran jóvenes o nos hablen con la voz que oíamos de niños. En los momentos que preceden a este gran camino, se pasa gradualmente a la aceptación de la propia vida tal como fue vivida y el miedo a la muerte disminuye.

—¡Vamos chicos! —gritó el padre de Laura desde la puerta abierta de la casa y mirando el monovolumen gris aparcado justo enfrente. Era un hombre de cuarenta y nueve años muy curtido, no demasiado alto pero de físico atlético y pelo y barba negros medio largos.

—Ya voy. Un momento, papá. —Tres voces distintas resonaron desde diferentes lugares en la gran casa. Eran las de Laura, una chica de veintiséis años, también morena y atlética y unos centímetros más alta que él, y sus dos hermanos menores, uno de veinticuatro y otro de veintidós, no demasiado altos y tan parecidos entre sí que casi parecían gemelos, ambos rubios. Observándolos era evidente que ella se parecía a su padre, pero había heredado el físico esbelto de su madre, mientras que los chicos rubios como la madre eran físicamente copias del padre. Había mucho equipaje en la puerta de la casa, principalmente bolsos grandes pero también un par de tiendas y equipo de acampada. Era un ritual que se repetía todos los años: pasaban unos días en la montaña con su padre. La costumbre había comenzado muchos años antes: lo hacían desde niños, cuando su madre había sufrido un ligero agotamiento y el padre había decidido sacarlos unos días solos para que su esposa recuperara las fuerzas que necesitaba para cuidar a tres niños, ya que ella también estaba trabajando.

—¡Vamos! Daos prisa, que el camino es largo —gritó el hombre de nuevo, ahora impaciente.

Laura fue la primera en bajar las escaleras que separaban los dormitorios de la zona de estar de la casa, seguida a los pocos minutos por los dos chicos, que ayudaron a su padre a cargar el enorme maletero del coche mientras la joven ya se había sentado en el asiento delantero, junto al del conductor. Siempre había sido su lugar cuando su madre no viajaba con ellos y siempre se había considerado a sí misma como la niña mimada de su padre, y con razón, ya que él generalmente se preocupaba más por ella que por sus otros dos hijos. No es que la quisiera más, porque amaba indiscriminadamente a sus tres hijos, sino más que nada porque la relación entre la joven y su madre nunca había sido la mejor y él de alguna manera quería compensarla. Terminada la carga del maletero, los tres subieron a bordo y el coche se puso en marcha en dirección al peaje de la autopista.

—Papá, por favor, cambia de cadena de radio, qué pesada esta música —exclamó a los pocos minutos de recorrido uno de los dos chicos desde el asiento trasero.

—Ya sabes que no nos llevamos muy bien en cuanto a gustos musicales, así que pondremos un poco de lo que os gusta a cada uno —respondió su padre.

—¡Empiezo yo! —dijo Laura enseguida, y se apresuró a conectar por *bluetooth* su teléfono móvil al dispositivo de audio del coche. Después de unos segundos las notas de *That don't impress me much*, de Shania Twain, comenzaron a extenderse por la cabina a todo volumen. El hombre sonrió complacido porque cuando era más joven esa artista también había sido una de sus preferidas y fue él quien se la presentó a su hija, quien luego se enamoró de ella. Y ella, sabiéndolo y para complacer a su padre, había elegido esa canción a propósito.

—¡Otra vez ese tostón!... —se quejaron de nuevo los ocupantes del asiento trasero.

Tras varias horas de viaje por un paisaje lleno de vegetación, con solo un par de paradas en gasolineras para repostar y comer un bocadillo, llegaron a su destino. Ya era tarde, y se apresuraron a descargar el equipaje y a montar las tiendas de campaña en la parcela de acampada antes de que oscureciera. Por un lado, Laura y su padre forcejeaban con una de las tiendas; por otro, los dos chicos no paraban de discutir mientras trataban de montar la segunda.

—No te enteras, esta varilla va insertada aquí, no allí.

—¡Cállate la boca! ¿Ni siquiera sabes cómo montar el sillín de una bicicleta y quieres decirme cómo hacer esto?

—¿Podéis dejar de discutir y acabar pronto? —los interrumpió el hombre, calmando temporalmente la situación. Los dos dejaron de discutir y después de unos diez minutos la tienda por fin estaba montada.

—¿Dónde vamos a comer? —preguntó Laura una vez que el campamento estuvo completo.

—¿Os parece bien el restaurante habitual, ese al que siempre vamos la primera noche? —preguntó en respuesta a los dos chicos, quienes asintieron sin demasiado entusiasmo ya que preferían la gran cadena de comida rápida a unos pocos kilómetros del pueblo.

Aparcaron el coche en la única zona de descanso de todo el pueblo, justo enfrente del restaurante típico. Al entrar, los dueños los saludaron con el entusiasmo reservado a los clientes conocidos desde hace muchos años, cuando aún eran jóvenes y acababan de poner en marcha el pequeño restaurante.

—¿Cómo están? ¡Bienvenidos de nuevo! ¿También este año en el *camping*?

—Oh, sí. Intento aprovechar antes de que crezcan demasiado y ya no quieran venir con el viejo de su padre.

—¿Qué dices, papá? Sabes que es genial para nosotros estar aquí contigo. Estamos todo el año esperando estas vacaciones —respondió Laura, en nombre de los tres, aunque ella era la que más lo apreciaba.

—Los pongo en la mesa habitual, ¿de acuerdo?

—Sí, claro, gracias.

Se sentaron en el mismo lugar de siempre, la chica y su padre juntos en un lado de la mesa y los dos hermanos en el otro.

—Tomaré el filete de caballo —dijo enseguida el mayor de los dos.

—Simplemente no entiendo cómo puedes hacerlo —exclamó Laura indignada—. Venimos aquí solo para montar a caballo todos juntos. Y durante el día eres cariñoso con el tuyo: ¿lo acaricias y mimas como a un perro y luego te lo comes por la noche?

—No es lo mismo.

—Sí, sí que lo es.

—Qué tonta eres. Como mamá no está, ejerces tú de ella, siempre criticando y sintiéndote superior.

—Ya es suficiente. Comed lo que queráis y dejad de discutir. No quiero que arruinéis estos días con vuestras constantes discusiones —los interrumpió el hombre.

Al final, ninguno de los cuatro comió carne de caballo y optaron por una *pizza* grande, ya que todos tenían mucha hambre.

Al salir del restaurante, se adentraron por el sinuoso y oscuro camino de montaña iluminado solo por los faros del coche: la vegetación formada por aquellos árboles altos y densos que tanto relajaba durante el día parecía ahora oscura y amenazadora. Laura le pidió a su padre que redujera la velocidad más de una vez por temor a que pudieran atropellar a algún animal asustado. Como siempre, él la satisfizo. Después de una curva a la derecha, los faros apuntaron repentinamente al gran cartel de madera de una escuela de equitación que se encontraba en un pequeño claro que bordeaba la carretera.

—¡Qué maravilloso! ¡No puedo esperar hasta mañana! —exclamó la joven, emocionada. Desde temprana edad había aprendido a montar a caballo, animada y ayudada por su padre. Era una actividad que la hacía muy feliz porque le daba la oportunidad de pasar tiempo en contacto con él y con la naturaleza que tanto apreciaba.

Una vez allí, el hombre se durmió inmediatamente, mientras los tres hermanos se dirigieron al bar del *camping*, a esa hora ya desierto, y se sentaron a tomar algo en una mesa.

—¿Qué vas a hacer mañana? —preguntó Laura a uno de sus hermanos.

—Yo alquilaré una canoa. ¿Vendrás conmigo o te irás con ellos? —le preguntó el mayor de los dos chicos al otro, sin siquiera mirar a su hermana a la cara y sabiendo que ella estaría pegada a su padre todo el tiempo.

—Iré contigo —respondió el hermano menor, que siempre estaba ansioso por impresionarlo.

—¿Y tú qué harás? Seguro que irás con papá a montar a caballo, ¿verdad? —le dijo a su hermana con sarcasmo.

—Por supuesto. Y no entiendo por qué este año no queréis venir.

—Me aburre hacer las mismas cosas una y otra vez. Además, papi solo te hace caso a ti. A nosotros ni nos mira.

No era así, porque su padre siempre los había cuidado a todos por igual, pero también era cierto que con Laura utilizaba un tono de voz más suave y actitudes que no les reservaba a ellos. Lo habían criado de esa manera y le resultaba difícil mostrar afecto abierto a otros hombres, incluidos sus propios hijos.

A la mañana siguiente los despertó temprano el alboroto de los vecinos del *camping* que, mientras desayunaban, hablaban a todo volumen y escuchaban música de un potente altavoz portátil. Luego fueron juntos a los servicios del recinto a lavarse.

—Nos vemos aquí delante tan pronto como terminemos, ¿de acuerdo? —sugirió Laura cuando llegaron al cruce que separaba los dos caminos que conducían respectivamente a los baños de hombres y mujeres.

—No. Nos vemos directamente en el bar. Siempre tardas mucho en arreglarte —respondió el mayor de los dos hermanos. Su padre no intervino para no avivar más las habituales disputas.

Cuando llegó a la mesa del bar, Laura solo encontró a su padre esperándola. Los muchachos ya habían terminado el desayuno y habían partido en una canoa sin despedirse.

—Bebé, ¿qué tienes ganas de hacer hoy? —preguntó el hombre de manera abiertamente retórica.

—¿Qué preguntas, papá? ¡Un paseo a caballo!

—Entonces llamaré ahora mismo para reservar.

—Sí, y recuerda decirle que quiero montar a Sultán, por favor.

Era un hermoso caballo de cuatro años y medio de edad, de color negro y fuego y de raza árabe, imponente pero elegante a la vez. Su torso era hermoso y su piel, suave y flexible, estaba cubierta de un pelo corto y brillante. Al trote mostraba mucha gracia e incluso parecía que casi no tocara el suelo. Laura se había enamorado de él el año anterior, cuando lo conoció. Sus grandes ojos marrones de aspecto triste eran muy expresivos y parecía comunicarse casi telepáticamente con ella. Cuando acarició su enorme hocico, afirmó que el animal la miraba con amor.

Cuando llegaron a la escuela de equitación, después de completar el papeleo, alquilaron dos pares de botas y se dirigieron directamente a los establos. Sultán destacaba entre los cuadrúpedos aunque su físico era más bajo y compacto que el de los otros equinos. Su porte y su actitud lo hacían parecer el rey de los caballos, y la chica quedó inmediatamente fascinada.

—Hermoso Sultán, ¿cómo estás? —dijo en voz baja, acercando el rostro al hocico del caballo, y con suavidad le pasó la mano desde la frente hacia las fosas nasales. El animal respondió con un movimiento de cabeza que ella tuvo que esquivar rápidamente. Le habían advertido en varias ocasiones que esa raza era bastante nerviosa y que siempre debía estar muy atenta cuando estuviera especialmente cerca del hocico o de las patas traseras.

—Hoy está un poco inquieto —le dijo el encargado de la escuela de equitación—. ¿Quieres montar uno más tranquilo?

—No, gracias. Sultán es mi amor. Nunca lo traicionaría con nadie más —respondió Laura en tono de broma pero con firmeza. Llevaba años montando a caballo y ya lo había hecho el año anterior con ese ejemplar, por lo que sabía que no sería un problema para ella mantener el control del animal.

Mientras tanto, su padre la esperaba en el camino de entrada ya sobre la silla de montar de un purasangre inglés de pelaje castaño y pecho ancho, un poco más alto que Sultán y que parecía decididamente más tranquilo. La muchacha se unió a él y comenzaron a avanzar por el sendero que conducía a una gran meseta cubierta de una espesa hierba, ideal para un trotecito y alguna carrera al galope. Los caballos se detuvieron varias veces para comer algunas hojas de los árboles y Sultán se ponía a dar vueltas sobre sí mismo, nervioso, al ver una simple roca o algún tronco de árbol en el suelo. Laura lo llamaba al orden sin ningún problema. Al llegar a un claro, padre e hija iniciaron el trote en paralelo, intercambiando opiniones y charlando de su vida como pocas veces tenían la oportunidad de hacerlo. En un momento dado, la muchacha dio la orden correcta y el robusto animal partió al galope, dejando atrás al hombre. Su padre la siguió a una distancia de unos pocos metros y galoparon alegremente durante un rato, ella siempre un poco por delante y él observándola desde atrás. De repente, desde lejos la vio en dificultades: Sultán, probablemente asustado por algún ruido inesperado, se había encabritado y había comenzado a saltar casi como si fuera un rodeo, hasta que clavó en el suelo las patas delanteras y luego las levantó de repente en el aire. Todo sucedió en un par de segundos, y el hombre vio a su hija caer a un lado sin tener oportunidad de amortiguar el golpe con los brazos.

—¡Laura! ¡Laura! —gritó, y corrió al galope para unirse a ella mientras Sultán se marchaba con rapidez y luego se detenía a unos cincuenta metros de distancia. Al llegar junto a su hija, que yacía indefensa sobre la hierba, se apresuró a desmontar del caballo y se agachó junto a ella. La escena que vio lo alarmó como nunca en su vida: la cabeza de su hija sangraba apoyada en una pequeña roca y tenía los ojos cerrados. La llamó varias veces sin recibir respuesta alguna. En ese momento tomó el teléfono móvil y marcó el número de las caballerizas.

—¡Mi hija se ha caído! Está inconsciente en el suelo. No responde. ¡No sé qué hacer! ¡Por favor, ayúdenme! —tartamudeó en el teléfono con angustia.

—¿Dónde están? —le preguntó el encargado de la instalación.

—En la meseta.

—Pediré ayuda de inmediato. Quédense allí. ¿Se han escapado los caballos?

—Están aquí cerca —respondió el hombre, sorprendido y enfadado, ya que el tipo parecía más preocupado por el destino de sus caballos que por el de su hija.

Al cabo de un cuarto de hora un gran estruendo interrumpió el silencio de la montaña y llegó desde arriba un helicóptero que asustó aún más a los caballos, haciéndolos huir y desaparecer definitivamente de la vista del padre de Laura. Dos médicos salieron a toda prisa de la aeronave, le pidieron al hombre que se apartara y se acercaron a la joven. Cargaban con mochilas pesadas llenas de equipos de reanimación.

—No la movamos.

—¿Tiene pulso?

—Sí. Revísale las pupilas. Señorita, ¿puede oírme?

—No está consciente. Dame el casco y ahora, lentamente, muévele un poco la cabeza para que pueda ponérselo.

—Tenemos que darnos prisa. Llama a la base de control. Código 3C0406.

—¿Qué le pasa a mi hija? —gritó el padre de Laura, que estaba a unos metros de distancia. Nadie respondió porque los médicos estaban demasiado ocupados colocando con cuidado el cuerpo de la chica en la camilla y ajustando las correas de seguridad. Después de unos segundos, uno de los dos hombres corrió hacia él.

—Su hija está en estado crítico. Ha perdido el conocimiento y necesitamos llevarla al hospital de inmediato. Puede venir con nosotros.

—Por supuesto.

—Suba al helicóptero y mi compañero lo ayudará con el casco para que podamos partir de inmediato.

Luego corrió hacia donde estaba la chica y comenzaron a llevar la camilla a la ambulancia aérea. Mientras tanto, el encargado de la escuela de equitación también llegó al lugar.

—¿Cómo está? —le preguntó al padre.

—Inconsciente. Tenemos que llevarla al hospital. Voy con ellos.

—¿Dónde está Sultán? —preguntó el hombre al ver que no había rastro del animal y que el otro caballo estaba parado en el pasto a unas decenas de metros de distancia.

—No lo sé.

—Debe de haberse escapado. No se preocupe, yo me encargo de ir a buscarlo. Hágame saber cómo se encuentra su hija. Le deseo lo mejor. —Se despidieron y el padre de Laura subió al helicóptero, que despegó enseguida rumbo al hospital más cercano.

Llegaron al tejado del edificio, donde había más personal sanitario preparado con una camilla con ruedas en la que llevar a la joven. Frente a un gran ascensor, una de las enfermeras se volvió hacia su padre.

—Ahora tenemos que llevarla a la sala de urgencias y hacerle pruebas. No puede venir con nosotros, lo siento. Baje a la planta de neurología y tome asiento en la sala de espera. En cuanto sepamos algo se lo diremos.

—Gracias —respondió; sus ojos rojos comenzaron a llenarse de lágrimas.

Bajó a la segunda planta, como le habían dicho, y se quedó unos minutos en el pasillo frente a la salita llena de sillas donde no había nadie, como esperando que, si no se sentaba, las buenas noticias llegaran antes. Su cabeza palpitaba y le dolía y aunque su cerebro lo bombardeaba con todo tipo de pensamientos, un estado de niebla mental prevalecía en él. Tomó su teléfono móvil y marcó el número de su hijo mayor. Ninguna respuesta. Esperó unos minutos tratando de mantenerse ocupado, fue al baño y luego a la pequeña recepción de la sala, donde pidió noticias de su hija y recibió la respuesta habitual de que tenía que esperar. Quería saber algo antes de llamar a su esposa, que estaba a cientos de kilómetros de distancia y no podría hacer nada más que desesperarse. Peor aún, podría conducir el coche para tratar de llegar hasta ellos. Tenía que ser fuerte y manejar solo aquel terrible evento. El tiempo parecía no pasar nunca y los pensamientos se acumulaban y se enredaban haciendo la situación aún más compleja. Debía advertir a sus hijos, avisarlos antes que nadie, ya que al no verlos regresar, lo primero que harían los muchachos sería llamar a las caballerizas. Tomó de nuevo el teléfono y con los dedos temblando de tensión volvió a llamar a su hijo.

—Hola, papá, ¿cómo estás? —oyó una voz gritando desde el otro lado que ahogaba el sonido del agua de fondo.

—Hemos tenido un accidente y Laura se ha caído del caballo.

—Ja, ja, ja. ¿De verdad? Sabía que tarde o temprano se caería. ¿Se ha roto algo? —respondió inconscientemente el hijo, sin darse cuenta de lo que había sucedido.

—La situación es un poco más compleja. Estamos en el hospital y están haciéndole algunas pruebas. Volved al *camping* y esperadme allí, ¿de acuerdo?

—¿Qué pruebas? Pero ¿está bien? —quiso saber el joven, ahora preocupado por el tono de voz de su padre.

—Sí, sí. No os preocupéis, hablamos más tarde —mintió el hombre, y agregó—: Si habláis con mamá, no le digáis nada, no tiene sentido que se preocupe innecesariamente.

—Vale, papá, está bien. Hasta luego.

Pasó más de una hora, en la que el hombre caminó nerviosamente de un lado a otro del largo corredor innumerables veces. A estas alturas ya había memorizado cada centímetro cuadrado de las paredes verde pálido, los nombres en las placas de cada habitación y todos los letreros colocados en el pequeño tablón de anuncios, cualquier cosa que pudiera distraerlo de esos pensamientos negativos que se repetían obsesivamente en su cabeza. Por fin, un médico salió del ascensor y se acercó a él.

—¿Es usted el padre de Laura?

—Sí. Soy yo.

—Lo siento, pero debo informarle que su hija ha tenido una hemorragia cerebral importante. Hemos logrado estabilizarla y la mantenemos en observación; sin embargo, lamentablemente no ha recobrado la conciencia en ningún momento.

—¿Qué quiere decir, doctor?

—Significa que está en coma.

—Pero ¿no podemos hacer nada?

—No por ahora. Solo nos queda esperar y desear que mejore y recupere la conciencia.

El hombre, desesperado, decidió entonces avisar a su mujer e hijos. Después se sentó en la sala de espera durante unas horas, hasta que llegaron y lo relevaron para que al menos pudiera ir a ducharse en la habitación del hotel que había reservado su esposa en la ciudad.

Mientras tanto, el cuerpo de Laura yacía en la unidad de cuidados intensivos del gran hospital. Al menos así era como se veía a sí misma, flotando muy por encima de su cama y de espaldas al techo. Se sentía muy ligera, como si hasta un momento antes hubiera estado encerrada en un sobre hermético y finalmente hubiera sido liberada. Debajo veía su cuerpo tendido y rodeado de varias enfermeras y dos médicos: un hombre y una mujer que hablaban de ella.

—¿Cómo ha pasado?

—Se ha caído del caballo y se ha golpeado la cabeza contra una roca.

—¿El estado de sangrado es bilateral?

—No, pero hay edema y compresión del hemisferio contralateral.

—¿Se ha probado la estimulación?

—Sí, pero no responde.

Laura los observó, inicialmente incrédula por lo que estaba experimentando, pero sobre todo feliz con esa sensación de ligereza y ausencia de dolor y preocupación. Miró a su izquierda y con inmenso asombro se dio cuenta de que también podía ver lo que sucedía en el pasillo, que en realidad estaba separado de la habitación donde se encontraba por un grueso muro de hormigón. Se movió entonces, o más bien tuvo la sensación de hacerlo, porque en ese estado era como si pudiera percibir cualquier cosa, y llegó a la sala de espera literalmente volando por encima de su madre, a quien vio sentada con la mirada preocupada y fija en el vacío. Por un momento experimentó un sentimiento de compasión hacia su madre y lamentó mucho que estuviera triste y no pudiera, como ella, sentir también aquel maravilloso estado de bienestar. Pero solo duró un instante porque, sin que entendiera cómo, el hospital desapareció repentinamente y fue reemplazado por un túnel negro por el que comenzó a flotar a gran velocidad. No hacía ningún esfuerzo y parecía que el mismo aire se la llevaba, como el viento a una hoja.

Al final del túnel vio una luz cálida y poderosa, difícil de describir con palabras porque no se parecía a ningún tipo de luz que hubiera visto hasta entonces. Era como si ese brillo tuviera una cualidad física propia y la chica pudiera sentir su energía y contenido. Cuando se acercó a ella tuvo la sensación de transformarse en luz, se sintió acogida y abrazada, tan permeada por aquellas partículas de energía que ya no entendía dónde terminaba ella y dónde empezaba la luz. Se sentía muy bien envuelta en esa energía maravillosa que ella definía con la palabra *amor*, porque no había otra que describiera mejor ese sentimiento. Seguía siendo Laura pero al mismo tiempo era todo el resto del cosmos y podía percibir tanto sus vibraciones como su conciencia. Por un momento tuvo la impresión de que lo sabía todo y que lo era todo y que el espacio y el tiempo habían dejado de existir. Luego escuchó una voz profunda, que en realidad no emitió ningún sonido, sino que llegó a ella de manera telepática.

«No puedes quedarte», dijo la voz.

Laura sintió un dolor intenso e indescriptible. Era como si toda esa luz se hubiera apagado de repente. Lo que le habían parecido unos pocos momentos resultaron ser más de seis días en la Tierra, durante los cuales permaneció inconsciente, en coma. «No es posible», pensó, mientras las lágrimas comenzaban a caer copiosamente por sus mejillas. Abrió los ojos y se dio cuenta de que estaba de vuelta en su cuerpo y en esa habitación del hospital. Su padre, sentado junto a la cama, sujetaba con fuerza su mano. Su mirada se encontró entonces con la de su madre, que por fin se había abierto y mostrado su gran cariño. Y no era la única porque los dos hermanos también estaban allí a su lado, felices de verla como nunca antes.

David

El consuelo que nos brinda la posibilidad de que la conciencia siga existiendo más allá del momento en que nuestro cuerpo parte para el último de los viajes y saber que podemos encontrar a nuestros seres queridos en ese inevitable destino representan en mi opinión una poderosa herramienta para mejorar nuestra vida actual. El duelo es un proceso complejo y duradero, y vivirlo como un hasta luego ciertamente puede ayudarnos a sobrevivir y completar nuestra existencia en paz y amando. Cuando perdemos a un ser querido, una parte de nosotros también muere. No es correcto decir que la vida continúa porque ya no es la misma que antes. Quizá sería más adecuado considerar la pérdida como un nuevo nacimiento a una vida diferente y más difícil. Pero hay que vivirla de todos modos y tratar de ser felices porque los que nos dejaron quieren esto para nosotros.

Mis muchos años de experiencia con las regresiones y haber sido testigo de numerosos fenómenos extrasensoriales me han enseñado que nuestros seres queridos continúan existiendo y permanecen a nuestro lado aunque de una forma diferente. Entender que al final de nuestra existencia también nosotros cambiaremos de forma y ellos estarán ahí esperándonos puede ayudarnos mucho a enfrentarnos a los desafíos y enseñanzas que esta vida nos depara. Uno de los aspectos que más me fascinan de las historias de quienes han vivido una ECM es el sentido de unidad con el Todo, poder adquirir un conocimiento ilimitado y percibir cualquier cosa del universo como parte de uno mismo. Desafortunadamente, no tuve la suerte de lograrlo personalmente porque hace años, en el accidente de motocicleta que describí al principio de este libro, no me dieron la oportunidad de llegar tan lejos. Sin embargo, he tocado con la mano, o con la espalda para ser precisos, la conciencia de que hay fuerzas invisibles mucho más grandes que nosotros que nos aman y nos protegen.

Uno de los mayores temores del ser humano, acostumbrado a vivir preso de su propio ego, es precisamente la posible pérdida de la individualidad y el fin del yo. Los informes de estas páginas confirman que nada más lejos de la realidad y que no debemos tener tal temor. Por lo que parece, cuando morimos no dejamos de ser nosotros mismos en absoluto. Al contrario, nos transformamos en todo y nos convertimos en parte del Todo manteniendo la percepción de nuestra individualidad.

Un estudio publicado en la revista de neurociencia *Brain Sciences* en 2021 investigó el aspecto de la pérdida del ser y la disolución del ego durante las ECM y concluyó que estas características son comunes durante estas experiencias. A continuación, muestro un extracto de uno de los más de cien testimonios:

> Sin aspiración ni proyección, crucé el túnel a toda velocidad, aunque esta no es la palabra correcta porque no había movimiento. Fue más como una disolución de mí mismo y una partida igualmente repentina. De alguna manera, como si un rayo me hubiera atravesado, me encontré dividido en dos partes. Mi cuerpo yacía sobre la cama y desde lo alto de una nube podía verme a mí mismo. Mi doble en el techo del dormitorio presenciaba una escena extraordinaria de claridad y autenticidad.

Entiendo que se trata de un concepto difícil de comprender, ya que vivimos toda nuestra vida con la creencia de que nuestro ser está encerrado en los límites de nuestro cuerpo en general y de nuestro cerebro en particular, que crea el ego y la autoconciencia, una característica que los neurocientíficos reconocen solo en los humanos y en muy pocas especies. En este aspecto nuestros amigos animales están muy por delante de nosotros: viven más tranquilos y, al no ser conscientes de sí mismos, no le temen a la muerte porque ya saben que son parte del Todo; probablemente algo les recuerda que son almas inmortales y por eso es frecuente que estén presentes y nos acompañen también en las ECM. Los testimonios de quienes han vivido una experiencia cercana a la muerte confirman muchas de estas cogniciones, pero ¿cómo podemos estar seguros? Desde el punto de vista de un escéptico, entre los cuales me encuentro, podría tratarse de simples sueños o imaginación de un cerebro en estado de anoxia parcial, como afirma la ciencia. Sin embargo, los encefalogramas y electrocardiogramas hablan por sí solos, y desde el punto de vista clínico la mayoría de estas personas no podía soñar ni fantasear. Además, como ya hemos visto, ni siquiera pueden ser sueños lúcidos. En una mente incrédula, la duda permanecerá siempre, a pesar de las innumerables confirmaciones que reciba. Una de estas confirmaciones está representada por niños. ¿Cómo puede un niño llegar a imaginar y describir algo tan complejo como el más allá y sobre todo de una manera extremadamente congruente con las experiencias que describen los adultos que han experimentado una ECM? No tiene los conocimientos necesarios para que su cerebro construya una historia imaginaria tan coherente.

Una investigación realizada por la International Association for Near-Death Studies ('asociación internacional para el estudio de las experiencias cercanas a la muerte') sobre los relatos de más de doscientos setenta niños que han tenido una experiencia cercana a la muerte ha confirmado estos paralelismos. El ochenta y cinco por ciento de los niños que han sufrido un paro cardíaco experimentan una ECM. Gracias al continuo progreso en el campo de las técnicas de reanimación cardíaca, cada vez más niños sobreviven. Aparentemente, una ECM se puede tener a cualquier edad y no es algo reservado para una mente adulta e influenciada por conocimientos previamente adquiridos. También niños muy pequeños, que acababan de aprender a hablar, han afirmado haber experimentado fenómenos de este tipo. El setenta y seis por ciento de la muestra dijo que fue una experiencia agradable. Entre los puntos en común, la presencia de una energía llena de amor, una voz amiga, la visita de un ser querido vivo o fallecido, la salida del cuerpo y la tranquilidad de una luz que proporciona seguridad o un lugar oscuro pero seguro. El diecinueve por ciento incluso lo definió como celestial. Las ECM de los niños difieren en pocos aspectos de las de los adultos, aunque, por lo general, la cantidad de detalles proporcionados es menor, lo que me hace pensar que sus relatos son aún más verosímiles ya que carecen de detalles que puedan ser fruto de la imaginación de una conciencia adulta. Esos relatos son más concretos y menos complejos, aunque a veces pueden incluir escenarios de otro mundo y revivir eventos pasados.

En los casos de los niños también es más frecuente la visita de una mascota fallecida o de un familiar que nunca conocieron, como para confirmar una menor intromisión del ego.

—¡David! ¡Bájate de ahí ahora mismo! —gritó la voz de la mujer, de treinta y un años, desde el ventanal que daba al jardín aún sin cultivar de la casa recién construida. Era una hermosa señora con cabello castaño largo que llevaba recogido detrás en una cola de caballo. Llevaba puesto un vestido blanco sin mangas y hasta la rodilla con pequeñas flores rojas. Solo se lo ponía en casa pero bien podría haber salido con él porque le daba un estilo alegre pero a la vez elegante.

—Vale, mamá..., ya voy —respondió la vocecita del pequeño, de cinco años, con el pelo corto y negro, vestido con un polo rojo burdeos y un pantalón corto azul oscuro. Caminaba en equilibrio sobre el muro que rodeaba el perímetro de la casa, poniendo un pie delante del otro con los brazos completamente abiertos en el aire, simulando el paso que tendría un acróbata de circo caminando sobre el alambre. El muro bajo tenía apenas sesenta centímetros de alto en el lado del jardín, pero casi dos metros en el otro lado, ya que daba a una rampa de garaje cuesta abajo.

Acababan de mudarse desde una región lejana y aún no habían tenido tiempo de instalar una red de seguridad o de plantar un seto.

—¡No! ¡Baja de inmediato! —tronó la mujer con una voz autoritaria que no reflejaba en absoluto sus modales y rasgos amables.

—Está bien —estuvo de acuerdo David, y saltó. Recogió del suelo la cuerda que se unía a la correa de su perro de madera y, dirigiéndose a este como si fuera un animal vivo, añadió—: Venga, vámonos.

Las patas de madera accionadas mecánicamente lo siguieron fielmente hasta la puerta principal.

Bobo era su compañero de juegos favorito y, a pesar de que su madre le había dado muchos juguetes para compensar la falta de amigos con quienes jugar, David pasaba la mayor parte de su tiempo dando instrucciones al perro de madera o divirtiéndose al aire libre en contacto con la naturaleza. Al haber cambiado de ciudad tan recientemente, el niño aún no había tenido la oportunidad de hacer nuevos amigos, excepto en las pocas horas que iba al jardín de infancia. Lo habían inscrito en una escuela de preescolar religiosa donde el tiempo dedicado a la disciplina y las reglas a menudo superaba la diversión y el entretenimiento.

—Ven adentro, vamos. ¿No es hora de alimentar a Bobo? —le recordó su madre, que no dejaba de complacer los momentos de felicidad del pequeño David.

Ella no trabajaba y durante el día solía dedicar mucho tiempo a su hijo. Lo llenaba de atenciones y de amor. Desafortunadamente, su padre no estaba muy presente ya que a menudo estaba fuera de casa. Se dedicaba a la actividad de asesoría de empresas y se ocupaba de las infraestructuras tecnológicas, por lo que las urgencias y los viajes de negocios estaban a la orden del día, y todos saboreaban el tiempo que podía pasar con su familia.

—¿Qué vamos a preparar para que coma Bobo? —preguntó la mujer.

—¡*Pizza*! —respondió David sin dudarlo, sabiendo que en realidad se la comería él. Siempre había sido un poco glotón, pero su madre hacía todo lo posible para que siguiera una dieta sana y equilibrada.

—Está bien. Vamos a prepararla juntos entonces. ¿Me ayudas?

—Sí, mamá. Bobo, quédate aquí, ¿de acuerdo? Porque vamos a hacerte la comida —dijo, mirando al perro de madera de color café con los ojos pintados mirándolo tan fijamente como si fueran reales.

—Ve a lavarte las manos.

—Las tengo limpias, mamá.

—No pueden estar limpias si acabas de entrar del jardín.

David fue al pequeño baño de la planta baja de la casa y abrió el grifo.

—¡Con jabón! —gritó su madre imperativamente.

—Vaaaale, mamá.

De regreso en la cocina, la mujer lo tomó en brazos, lo sentó a su lado en un taburete alto para que pudiera llegar a la encimera y le puso un delantal que le cubría prácticamente todo el cuerpo y que llegaba muy por debajo de las piernas de David.

—Tengo mucho calor, mamá.

—Vamos, no exageres, David. Sabes que no puedes quitártelo; de lo contrario te ensucias todo.

Agarró la caja de *pizza*, vertió el contenido en un bol y añadió un poco de agua, un poco de aceite y una pizca de sal. Amasó bien la masa y luego le pidió a su hijo que siguiera dándole vueltas con un cucharón de madera, un paso inútil pero importante para que el pequeño se sintiera involucrado. Luego sacó una gran fuente cuadrada para hornear.

—Ahora hay que extenderla bien —dijo, y acompañó sus manitas, que estaban muy bien untadas con aquella masa blanquecina.

—¿Está bien así? —preguntó David.

—Sí, mi amor. Ahora vamos a agregar el tomate. —Sacó de la despensa un bote de conservas que ella misma había hecho en casa y lo abrió, y luego se lo dio al niño junto con una cuchara.

—Extiéndelo bien por toda la *pizza*, por favor, para que esté más rica.

El niño comenzó a verter cucharadas de tomate, salpicando por todos lados, mucho más allá de la *pizza*.

Entonces su madre le dio un paño de cocina y le dijo que se limpiara bien las manos.

—Espera un minuto, déjame ver bien —dijo, al ver que en los brazos del pequeño había puntos rojos. Al principio los había confundido con manchas de tomate pero vio que a pesar de frotarlas no desaparecían. Había varios, más pequeños que la picadura de un mosquito y muy juntos.

—¿Te molesta aquí?

—Sí, mamá. Quema —respondió el niño, y se rascó el brazo.

Visiblemente preocupada, la mujer le quitó rápidamente el delantal y tras levantarle la camiseta vio que hasta la barriga estaba llena de esos puntos rojos. Luego colocó suavemente la mano sobre la frente de su hijo y notó que estaba caliente.

—Amor, tienes un poco de fiebre.

—Sí, tengo calor.

—Vamos arriba. Hay que ponerte el termómetro —dijo su madre enseguida. Lo tomó en brazos y se apresuró a subir las escaleras.

—Pero yo quiero *pizza* —se quejó David, y a continuación se echó a llorar e inició una rabieta.

—Ahora la haremos pero primero tenemos que medirte la fiebre. Vamos, solo serán cinco minutos.

El termómetro marcaba casi cuarenta grados, y la mujer se estremeció de miedo. Era domingo por la tarde, su esposo no estaba y ella se encontraba en un pueblo que no conocía a cientos de kilómetros de su casa. No sabía qué hacer.

—David, quédate aquí en la cama un rato; bajaré a recoger a Bobo y te lo traeré para que esté aquí a tu lado y te haga compañía. ¿Te parece bien?

—Sí —respondió el pequeño, que ahora casi luchaba por hablar.

La mujer, con una visible ansiedad, bajó las escaleras, apagó el horno y recogió del suelo al perro de madera. Luego subió corriendo las escaleras de nuevo para llegar a la habitación de su hijo.

—Aquí tienes a Bobo —dijo.

—Mamá, ve a lavarte el pelo, está todo sucio —le pidió el niño.

Esa frase no tenía sentido ya que el cabello de la mujer estaba perfectamente limpio y peinado. No parecía entender de qué estaba hablando su hijo.

—Está bien, mi amor. No te preocupes —respondió ella, tratando de calmarlo. Su estado de preocupación había aumentado considerablemente. Ahora estaba realmente asustada. Decidió llamar a su madre por teléfono para pedirle consejo.

—Hola, mamá. David tiene cuarenta de fiebre y está lleno de puntos rojos por todo el cuerpo. Lo he acostado pero ha empezado a decirme tonterías sin sentido. Tengo tanto miedo que no sé qué hacer.

—Será sarampión o rubéola. También tú los tuviste de niña pero no recuerdo que fueran tan malos. Tienes que llamar al médico de inmediato.

—Pero es domingo.

—Llámalo de todos modos. Me parece urgente. Luego dime enseguida lo que te haya dicho, por favor.

La mujer marcó el número del médico, pero este no contestó ya que la clínica estaba cerrada en ese momento. Y ahora entró en pánico porque mientras tanto vio que los ojos de David estaban cerrados y que el niño ya no respondía a sus preguntas. Decidió llamar a urgencias de inmediato.

—Buenas noches, dígame.

—Mi hijo de cinco años tiene más de cuarenta de fiebre. Tal vez tenga sarampión o rubéola. Ha perdido el conocimiento y no sé qué hacer. Nuestro médico no responde.

—Está bien, señora, no se preocupe. Deme la dirección y le enviaré un médico; estará con usted en media hora a más tardar. Mientras espera, humedezca una toalla con agua muy fría y colóquela en la frente del niño. Debe intentar bajarle la temperatura.

—De acuerdo, gracias —dijo la mujer, que se apresuró a cumplir las instrucciones del médico de guardia. La angustia y la desesperación no la abandonaron, sin embargo, al ver que su hijo ya no le respondía y que la fiebre había subido a casi cuarenta y un grados. Notó que también comenzaba a tener problemas para respirar y su estado de preocupación y alarma aumentaba aún más sabiendo que el niño sufría de asma bronquial. Entró en pánico al observar que su hijo comenzaba a no respirar; ni siquiera podía ayudarlo con el aerosol habitual ya que estaba inconsciente. Se lo colocó en la boca y lo accionó dos veces de todos modos, tratando de ayudarlo lo mejor que podía. Después de eso, se echó a llorar de desesperación y gritó el nombre de su hijo sin obtener ningún atisbo de respuesta.

Mientras tanto, David se encontraba en un inmenso prado verde. Era muy aficionado a la naturaleza y ese entorno verde le impresionaba mucho porque la hierba misma era de un color tan intenso y vivo que parecía compuesta de luz. Era un tono que nunca antes había visto y que no existía en la Tierra; casi parecía que podía percibir ese color incluso con el sentido del tacto, tanto que podía notarlo a distancia en cada parte de su cuerpo diminuto. La fiebre, la picazón y las dificultades para respirar cesaron de inmediato y se sintió muy bien, mejor que nunca. Al principio le fue difícil entender dónde estaba porque claramente era un lugar no terrenal. Pero no tuvo miedo: inmediatamente se sintió como en casa, con un sentimiento de paz y dicha que le causaba una gran felicidad a pesar de que estaba solo en aquel lugar.

Entonces, a su izquierda, sintió una presencia y se dio la vuelta para saber qué era. Vio un cinturón y encima un suéter con estampado de rombos en marrón y verde. Lo reconoció de inmediato a pesar de que nunca lo había visto: era su abuelo materno, que había muerto varios años antes de que naciera él. Era un hombre delgado, pero alto y físicamente poderoso ya que había sido boxeador profesional en su juventud. La mano grande del anciano tomó la manita del niño y comenzaron a caminar juntos sobre la extensión de hierba, aparentemente sin rumbo fijo. El niño se sintió aún más feliz y más protegido por esa presencia en ese maravilloso lugar. Luego, el suelo comenzó a inclinarse en una ligera pendiente mientras continuaban su caminata hacia lo que ahora se había convertido en un montículo, en cuya cima David vio una brillante luz azul blanquecina. Parecía una pequeña aurora boreal azul con pinceladas de aire mezclándose y persiguiéndose por el cielo como si estuvieran bailando. Sin embargo, al comienzo de la subida, el abuelo soltó repentinamente la mano del niño, se volvió hacia él y sin emitir sonidos, usando una forma de telepatía que el pequeño sintió como si fueran emociones capaces de hablar, le dijo que aún no era el momento adecuado para seguirlo. Luego se puso en marcha en la dirección de la luz. David estaba muy molesto y sentía una profunda tristeza y desilusión. Independientemente de que su madre y su padre no estuvieran allí con él, habría hecho todo lo posible por ir con su abuelo hacia aquella luz que lo atraía y fascinaba casi como si contuviera todo lo que podría desear. No pudo evitar seguir mirando en esa dirección.

Mientras tanto, habían llegado los sanitarios de guardia y habían sometido al niño deshidratado a una terapia con medicamentos intravenosos. Consideraron llevarlo al hospital, pero decidieron esperar media hora para asegurarse de que la situación estaba bajo control.

—Señora, la temperatura ha bajado un poco. Lo estamos hidratando y le hemos dado un antibiótico y un antipirético.

—Gracias, doctor.

—No sé si es usted creyente, pero debería darle las gracias a alguien de allí arriba. Podemos decir que dadas las complicaciones respiratorias y la fiebre alta ha sido un milagro que llegáramos a tiempo.

En ese momento los ojos de David se abrieron, su rostro adquirió una expresión de intensa tristeza y su boquita se estrechó.

—Mamá. He visto al abuelo. Quería irme con él, pero no me ha dejado.

Nadia

En todos estos años, desde que comencé a dedicarme a las regresiones a vidas pasadas, los aspectos que cada vez me han intrigado más no han sido los relacionados con la experiencia de otras épocas de los miles de personas a las que he guiado en hipnosis tanto como aquellas que podrían explicar la supervivencia de la conciencia más allá de la vida. Desafortunadamente, debido a mi formación científica, siempre he tenido problemas con lo que no se puede demostrar de manera empírica y, por lo tanto, aunque nunca he dejado de interesarme por este tema, mantengo una actitud que aún hoy definiría como incrédula.

Las personas con las que me encuentro a menudo me preguntan cómo sigo siendo un escéptico después de tantos años y tantas pruebas, muchas de las cuales he descrito en mis libros. Yo también me lo pregunto. Sin embargo, es mi forma de ser y por lo tanto trato de aceptarla y utilizarla para mantener una actitud lo más desapegada posible y actuar como un mero observador que se limita a evaluar y contar lo vivido. En mi defensa puedo decir que me esfuerzo mucho por abrir mi mente a la aceptación de fenómenos que no se pueden explicar y siempre estoy muy agradecido a esta curiosidad interior que me ha permitido descubrir mundos antes desconocidos para mí. Pero el Pepito Grillo racional que reside en mi cabeza continúa pidiéndome pruebas y lucho por encontrar lo que pueda para satisfacer su imparable hambre de certezas.

La física cuántica apoya desde hace años la posibilidad de que la conciencia no resida en el cerebro sino también fuera de él. Imagina un teléfono móvil y una conexión a Internet: los datos (la conciencia) están en la Red pero permiten que el dispositivo (el cuerpo físico) funcione. No obstante, los teléfonos, especialmente hoy en día con la obsolescencia programada, que es el proceso por el cual en las sociedades industriales modernas se despiertan en los consumidores las necesidades de reemplazo acelerado de bienes tecnológicos, tienen vidas muy cortas. A pesar de ello, cuando un teléfono móvil termina en la basura, los datos siguen existiendo en la Red. Lo mismo podría ocurrir con nuestra conciencia. Y los testimonios de las ECM confirmarían esta hipótesis. Por mucho que lo intente, nunca podré describir la emoción de escuchar a estas personas cuando relatan sus experiencias cercanas a la muerte. Sus miradas se iluminan y sus ojos comienzan a brillar con entusiasmo aunque a veces hayan pasado muchos años desde que las experimentaron. Dicen que no pueden expresar con palabras lo que han sentido porque en su opinión el lenguaje no es un medio suficientemente eficaz, ya que está desarrollado para poder traducir lo que sucede en este mundo, y por lo tanto no apto para esa otra dimensión. Y esto explicaría la falta de voces o sonidos en este tipo de experiencias, en las que la comunicación es casi siempre telepática. Si lo pensamos bien, es algo obvio ya que el sonido es en realidad un fenómeno físico y material producido por la vibración de un cuerpo oscilante que provoca un desplazamiento de aire que llega hasta nuestro tímpano. Por lo tanto, no puede existir en una dimensión extracorpórea. Si fuera imaginación o un simple sueño, los sujetos afirmarían haber escuchado algo.

Pero ¿cómo es posible que experiencias de este tipo tengan un carácter tan subjetivo, es decir, que sean diferentes para cada persona? Una vez que estamos muertos, ¿no deberíamos todos acceder al mismo lugar, experimentar las mismas sensaciones? La única manera que tengo de silenciar esa parte todavía tan escéptica de mi cerebro es recordarle que estas son, de hecho, experiencias *cercanas* a la muerte, de las que los sujetos siempre han regresado. Mi hipótesis es que solo una vez que has entrado en la luz y por lo tanto has muerto realmente, alcanzas una dimensión colectiva y por ello homogénea para todos. Y es lógico que para acogernos o guiarnos estén diferentes seres coherentes con lo que es nuestra experiencia subjetiva. Muchas de las personas a las que entrevisté confirmaron que tenían exactamente este tipo de sentimiento en mayor medida cuanto más cerca estaban de la luz al final del túnel, por así decirlo.

Otra de las objeciones de una mente incrédula a la veracidad de las ECM podría considerar estos fenómenos como producto de los medicamentos administrados a los pacientes durante la reanimación. ¿Cómo explicar, sin embargo, las muchas experiencias en las que estas personas no han tomado ningún tipo de medicación? Además, se conocen los mecanismos de acción de algunas sustancias denominadas «psicodélicas», como la psilocibina extraída de algunos hongos, utilizada desde la antigüedad por los chamanes para expandir la conciencia. Aunque su uso parece ser capaz de contribuir al crecimiento espiritual o incluso se emplea con fines terapéuticos, la experiencia que produce su uso no es comparable en modo alguno a las ECM, durante las cuales la persona mantiene inalteradas sus capacidades lógicas. Además, las experiencias cercanas a la muerte son un fenómeno del que ya se ha informado hace más de tres mil años y común a las más diversas culturas, creencias y religiones, y no es producto del fácil acceso a la información que caracteriza a la sociedad moderna. En efecto, esta última teme más que nunca la muerte y todo lo que la rodea porque su aceptación constituye una gran amenaza para el sistema consumista y capitalista en el que vivimos. Las historias de quienes han experimentado una ECM nos muestran cómo los bienes materiales no tienen ningún valor en el otro lado y por lo tanto no pueden servir como razón para vivir. Lo que nos espera finalmente nos libera de la esclavitud de las cosas y del mundo material. Esto no significa que dejes de apreciarlo; simplemente te vuelves capaz de conocer su verdadero valor y por consiguiente no te sometes a todo ello. El miedo a la muerte nos hace vivir la vida en continuos apuros en busca de la satisfacción material de algo que no lo es. Tanto las regresiones como las ECM me han enseñado que las únicas cosas que sobreviven a la muerte son el amor y las relaciones que hemos podido construir y nutrir con los demás, ya que nuestras conciencias están todas interconectadas. Y en esa otra dimensión volvemos a unirnos con aquellos a los que hemos amado.

Por la mañana temprano sonó el intercomunicador del apartamento en la tercera planta de un edificio ubicado en una calle de una zona residencial de una gran ciudad. Nadia saltó de la cama y se apresuró a contestar.

—¿Quién es?

—La policía.

—¿Y por qué debería abrirles? —preguntó desafiante al oír la voz del joven y pensar que era una broma de alguna persona maliciosa.

—Tenemos una comunicación para usted.

Tras apretar el botón de apertura, se arregló con las manos el cabello castaño y ondulado que le llegaba hasta los hombros. Sobre el camisón todavía llevaba puesta la bata, cuyo cinturón ahora apenas podía anudar. En los últimos meses había pasado por un período emocional muy difícil que resultó en un aumento de peso constante. Los rasgos faciales regulares, la piel suave y una hermosa expresión en los ojos la convertían en una mujer interesante. Después de unos segundos, sonó el timbre de la puerta principal y Nadia abrió de inmediato.

—Buenos días, señora —dijeron dos hombres uniformados al unísono. Tenían poco más de veinte años, la edad de su hijo, y ambos eran morenos con cabello corto y complexión atlética.

—Hola, ¿cómo puedo ayudarlos? —preguntó Nadia, algo alterada. No era normal que la policía la despertara tan temprano. Algo debía de haber sucedido. Vivía en una hermosa zona de la gran ciudad donde muchas veces no se notaba la presencia de la policía.

—Lo siento, pero su hijo ha tenido un accidente.

—¿Cómo está? ¿Dónde está? —exclamó la mujer inmediatamente, agitada.

—En el hospital.

—¿En qué hospital? Quiero ir con él ahora mismo.

—Lamentablemente, señora...

No tuvieron tiempo de terminar la frase cuando el golpe, como una espada, atravesó directamente el corazón de Nadia. Su garganta se cerró, impidiéndole respirar. Luchó con el torbellino que le daba vueltas en la cabeza y trató de mantener la claridad.

—¡No! —exclamó.

—Lo sentimos mucho, señora.

—¡No! —repitió ella.

—Ha sido un accidente.

—¡No! —Y esta vez empezó a sollozar cada vez más fuerte, incapaz de contener las lágrimas frente a los dos jóvenes.

—Le dejamos una copia del informe, donde están todos los datos —añadió uno de los dos policías—. Si necesita más información, también está el número de la comisaría. Nuestras condolencias, señora.

La puerta se cerró, y a Nadia le pareció la del infierno. Cualquier ruido a su alrededor desapareció y la atmósfera se apagó de repente. Entró en la cocina y rompió a llorar de nuevo sin nada que la detuviera. Las lágrimas cayeron copiosamente por todo su rostro y llegaron a humedecerle el cuello de la bata, acompañadas de los desgarradores gritos de la mujer. Lloró como nunca antes lo había hecho y durante muchos minutos incluso dejaba de respirar a ratos y luego salía de la apnea y volvía a la desesperación. Los momentos de incredulidad se intercalaban con los de una angustia que parecía no tener fin. Su marido había muerto apenas dos años antes tras una larga y terrible enfermedad que lo había obligado a guardar cama durante meses. Mirando el teléfono de disco en la pared, pensó que quería llamar a su hermana y mejor amiga, Teresa, pero no tenía fuerzas para hacerlo, y mucho menos para llamar a su hija, que vivía en un país extranjero con su familia.

«¿Por qué? ¿Por qué te has ido?», gritó una y otra vez al aire enrarecido que llenaba la habitación. «¿Cómo has podido permitirlo?», arremetió contra su marido y contra Dios mismo.

Tan pronto como logró dejar de llorar por un momento, comenzó a leer las hojas del informe, empapadas en lágrimas, y comprendió lo que había sucedido. Su hijo, de veintiún años, había sido atropellado por un automóvil cuando regresaba a casa la noche anterior a bordo de su motocicleta después de una noche de fiesta con sus amigos.

Siguió llorando desesperada y no paró hasta bien entrada la tarde, sin comer, ni beber, ni sentarse un momento. Se quedó en la cocina en bata durante varias horas sin poder hacer otra cosa que derramar litros de lágrimas y abrir el frigorífico para acariciar el recipiente hermético donde había dejado las sobras de la cena para su hijo, porque siempre volvía con mucha hambre cuando salía. Dedicó las únicas breves interrupciones a fumarse numerosos cigarrillos. Era un hábito que tenía desde joven, que lamentablemente nunca había podido abandonar. A eso de las cinco de la tarde sonó el teléfono y ella contestó.

—Hola, Nadia, ¿cómo estás? —comenzó alegremente su amiga Teresa, a quien conocía desde que eran niñas.

—Está muerto. Óliver está muerto. —Y estalló en llanto de nuevo, impotente.

—¿Cómo? ¿Qué dices? No es posible.

—Sí. Ha tenido un accidente y ha muerto —agregó Nadia entre sollozos.

—¿Cuándo? ¿Cómo ha pasado?

—Un coche ha chocado contra su moto. Esta noche.

—¿Se lo has dicho ya a tu hija?

—Todavía no.

—¿Quieres que la llame yo?

—No, gracias —respondió Nadia, sabiendo que una parte de ella no quería hacer esa llamada. Pensó que cada minuto sería un minuto extra de serenidad para su hija. Y no quería lastimarla. Como si no llamarla pudiera hacer retroceder el tiempo y asegurar que nada había pasado.

—¡Voy para allá!

Teresa nunca se había casado y siempre se había mantenido a su lado tanto en las buenas como en las malas. Vivían cerca y se veían a menudo, prácticamente todos los días. Iban juntas de compras y se reunían para tomar un té o para salir a cenar, al cine o al teatro, que a ambas les encantaba. Incluso habían hecho algunos viajes juntas para visitar capitales europeas. Su amistad siempre había sido indisoluble y ella sabía que su presencia y su ayuda eran indispensables en ese momento.

—Yo me ocupo de todo. No te preocupes por las cosas prácticas. Ahora llamo a la funeraria y luego a la iglesia —dijo unos minutos después, tan pronto como llegó a casa de su amiga.

—Quiero verlo.

—Está bien. Llamo al hospital y nos vamos.

Marcó el número de la morgue y acordó la visita.

Media hora después ambas ya estaban en un taxi rumbo al hospital.

—Pero ahora tenemos que llamar a tu hija y decírselo —dijo Teresa, rompiendo el pesado silencio que se cernía en el coche.

—Está bien —respondió Nadia en voz baja.

—Dame el teléfono, yo marco el número.

Unos segundos después sonó otro teléfono a mil kilómetros de distancia y una voz contestó.

—Hola. Soy la tía Teresa.

—¡Hola, tía! —dijo la joven alegremente y al cabo de unos instantes, al darse cuenta de que la llamada venía del número de su madre, preguntó—: ¿Está todo bien? ¿Le ha pasado algo a mamá?

—No, cariño, tu madre está bien. Es Óliver... Ha tenido un accidente.

—¿Cómo? ¿Está bien?

—No. Lo siento mucho...

—¿Qué ha pasado, tía?

—Te pongo con tu mamá.

—¿Hola? Mi amor... Óliver está... —comenzó la mujer, con palabras casi incomprensibles mientras las ahogaban las lágrimas. Y la hija entendió de inmediato lo que había sucedido.

Al llegar a su destino, Nadia se dirigió a la enfermera que estaba en la puerta del edificio, se quitó las gafas oscuras y mostró lo que ahora parecían dos llagas rojas por cuyas rendijas apenas se veían las pupilas.

—Soy la madre de Óliver, el chico del accidente de anoche.

—Venga conmigo, señora. Mis condolencias.

Cruzaron un largo pasillo y justo al otro lado de la puerta del final un hombre le pidió que firmara los papeles de la autorización. Nadia se apoyó en una silla de madera y así lo hizo. La enfermera abrió la puerta detrás de la cual había una habitación con un cuerpo tendido en una camilla. El tiempo se ralentizó y una fuerza inexplicable similar a la que habría tenido una prensa gigante casi impidió que la mujer avanzara. Quería ver a su hijo, pero no quería verlo allí. Cada instante frenaría esa horrible certeza. Finalmente se acercó a él: parecía dormido y tenía una expresión serena pero sin alma. Ella le tomó el rostro entre las manos y se acercó para besarlo por toda la cara. Mantuvo su cabeza pegada a la de su hijo, sin levantarla.

—¿Por qué te has ido? —le susurró al oído, como si pudiera oírla—. Te quiero mucho, amor mío. Eres mi pequeño. Despierta, amor —le dijo al oído en voz muy baja mientras acariciaba la mejilla del chico sin vida—. Hazlo por tu madre. Haz este milagro —agregó entonces, creyendo por una fracción de segundo que podría suceder.

Entonces finalmente llegó el golpe y se dio cuenta de que todo era verdad. Empezó a sollozar otra vez y a acariciar compulsivamente las mejillas de su hijo. El personal médico fue muy comprensivo y le permitió estar con el chico todo el tiempo que quiso.

Perder un hijo es quizá el peor desastre que le puede pasar a un ser humano. Creo que no hay mayor dolor o sufrimiento en la existencia de alguien. Gracias a las regresiones pude comprender que sin embargo es solo un hasta pronto, ya que las almas que se aman de manera tan profunda vuelven a encontrarse durante muchas vidas. A menudo, quien pierde un hijo ha sido a su vez un hijo en otra existencia y ha fallecido. A lo largo de muchas vidas tenemos la oportunidad de experimentar muchos roles, con frecuencia complementarios, y a través de ellos aprendemos la lección más importante para nuestra alma, a saber, el amor. Y una pérdida como la que experimenta una madre o un padre constituye la más alta enseñanza, ya que estas personas aprenden a demostrar la forma más profunda y pura del amor porque no tienen la oportunidad en la Tierra de ser correspondidos. Es un sentimiento tan poderoso que dura para siempre, sin posibilidad de recibir ningún consuelo a cambio. El alma de quien ha perdido un hijo evoluciona como nadie en la escalera del amor.

Pasaron casi treinta años, en los que Nadia dejó de vivir y se limitó a sobrevivir. Todas las mañanas, con sol o con lluvia, iba a visitar la tumba de su hijo y conservaba intacta su habitación con sus carteles colgados en la pared y sus pertenencias. Le hablaba como si estuviera vivo y compartía con él los pequeños acontecimientos del día. Y él, según ella, le respondía con coincidencias, corazoncitos que ella veía muchas veces en todos los lugares y en la naturaleza. Nadia estaba segura de que el espíritu de su hijo siempre había permanecido cerca de ella durante todos aquellos días, que transcurrían siempre igual. Después del accidente, la mujer había perdido todos los estímulos vitales y las cosas que antes le interesaban o motivaban habían dejado de hacerlo. Aunque su situación económica había seguido siendo buena, en parte gracias a la indemnización que recibió del seguro tras la muerte de su hijo, no se permitía nada y los únicos dos momentos en los que podía desconectarse eran por la mañana cuando bajaba a desayunar en el bar con Teresa un *brioche* con un capuchino y por la tarde cuando la acompañaba su amiga, todos los días puntual como un reloj suizo, a tomar un té y pasar un par de horas juntas. Además, su salud se había ido deteriorando año tras año, no había dejado de fumar y a los setenta y siete le habían diagnosticado un enfisema pulmonar que la obligaba a pasar varias horas al día conectada a una botella de oxígeno. Los meses de calor eran los más complicados debido a su frágil y comprometido sistema respiratorio.

Una tarde de julio, Teresa abrió la puerta del piso de Nadia con las llaves que su amiga le había dado por comodidad y la encontró sentada en un sillón como siempre con la máscara de oxígeno puesta.

—Hola, aquí estoy. ¿Cómo estás?

—Bien, ¿y tú? —dijo Nadia, cuya apariencia no confirmaba en absoluto su afirmación.

—Todo bien —respondió la amiga, que dejó el bolso en el gran mueble de la entrada—. ¿Pongo el té? —preguntó, sin recibir ninguna respuesta. Luego se acercó al sillón de madera y terciopelo verde inglés y vio que su amiga miraba al vacío—. Nadia, ¿quieres que ponga a hervir el agua para el té? —preguntó de nuevo, agachándose para encontrarse con la mirada de su amiga.

—No. No me apetece.

Teresa estaba un poco alarmada por esa respuesta. En muchos años Nadia nunca había rechazado un buen té. Algo andaba mal, seguro.

—¿Puedo traerte un poco de zumo de frutas entonces? —dijo, sin obtener, de nuevo, respuesta alguna—. ¿Quieres un zumo de frutas? —Se inclinó otra vez para mirar a su amiga.

Tampoco esta vez respondió, y mantuvo la mirada fija en el vacío mientras respiraba con dificultad tras la máscara de plástico conectada a la botella de oxígeno. Teresa no perdió más tiempo e inmediatamente pidió ayuda mediante su teléfono móvil, bastante rudimentario. Siempre había sido la más tecnológica de las dos y, aunque con dificultad, incluso podía utilizar los servicios de correo electrónico y mensajería. Luego regresó al lado de su amiga.

—Nadia, ¿cómo te sientes?

—Bien —respondió su amiga. Pero su mirada seguía siendo anodina y se parecía a la de un autómata.

—Bebe un poco de zumo, vamos.

Ninguna respuesta.

Teresa le quitó la máscara y le hizo beber un poco de líquido, lo que pareció despertarla de alguna manera de esa especie de letargo en el que, sin embargo, al cabo de unos instantes volvió a caer.

La tomó de la mano y se sentó a su lado. De repente Nadia cerró los ojos, adoptó una expresión de gran felicidad, su rostro se iluminó con una gran sonrisa y comenzó a hablar:

—Hola, amor. Qué bien que estés de regreso —dijo, visiblemente sonriente—. Sí, sé que siempre has estado cerca de mí... Pero he tratado de hacerlo, he tratado de ser feliz pero no he podido... Ahora aquí contigo, sin embargo, estoy muy feliz, ¿ves?... Ya sé, amor, que te hubiera gustado verme feliz y que hiciera muchas cosas... Qué hermosa luz hay aquí... Me siento tan bien... Espérame, yo también voy.

Y dejó de hablar.

Agradecimientos

Deseo expresar mi más profundo agradecimiento y gratitud a todos los protagonistas de este libro por sus testimonios y su valentía.

También agradezco especialmente a María Antonietta D'Erme y a Giuliana Santin sus siempre valiosos consejos.

Por último, a todos vosotros, queridos lectores, os estoy especialmente agradecido por el cariño que no habéis dejado de demostrarme leyendo mis libros.

El autor

Alex Raco es especialista en Trastornos de Ansiedad y del Estado de Ánimo, especialización realizada en la Universidad de León.

Su formación también incluye especializaciones de posgrado en Psicopatología Clínica en la Universidad de Barcelona y en Hipnosis Ericksoniana en la Universidad de Valencia.

Realizó cursos de formación en Hipnosis Clínica de nivel avanzado en la Universidad Autónoma de Madrid. En el pasado también se embarcó en un viaje personal de psicoanálisis junguiano que duró cuatro años.

Es considerado el principal experto europeo en hipnosis de regresión a vidas pasadas y ha realizado miles de sesiones hasta la fecha, siguiendo también el método del doctor Brian Weiss, con quien se formó profesionalmente en Terapia de Regresión a Vidas Pasadas en el Omega Institute for Holistic Studies del estado de Nueva York. MBA por la Universidad Bocconi, de Milán, antes de dedicarse a la hipnosis regresiva trabajó como directivo de empresas multinacionales.

Para más información puedes consultar su web www.alexraco.eu.